왜 기후변화가 문제일까?

10대에게 들려주는 기후변화 이야기
왜 기후변화가 문제일까?

초판 1쇄 인쇄 · 2026. 2. 25.
초판 1쇄 발행 · 2026. 3. 10.
—

지은이　　공우석
발행인　　이상용, 이성훈
발행처　　청아출판사
출판등록　1979. 11. 13. 제9-84호
주소　　　경기도 파주시 회동길 363-15
대표전화　031-955-6031 팩스 031-955-6036
전자우편　chungabook@naver.com
—

이 책은 《왜 기후변화가 문제일까?》를 재집필하여 출간한 것입니다.

!!!

왜 기후변화가 문제일까?

10대에게 들려주는 기후변화 이야기

공우석 지음

청아출판사

자연은 찾아가는 곳이 아닙니다. 자연은 집입니다.

- 게리 스나이더 Gary Snyder (시인)

기후변화 문제는 유엔(UN)의 기후변화에 관한 정부 간 협의체(IPCC), 유엔기후변화협약(UNFCCC), 유엔환경계획(UNEP), 녹색기후기금(GCF) 등 주요 국제기구가 깊은 관심을 가지고 다루는 핵심 의제이다. 이 가운데 기후변화에 관한 정부 간 협의체(IPCC)는 기후변화 평가보고서 등을 통해 과학적 근거에 기반한 분석을 제시하는 가장 대표적이고 권위 있는 국제 전문가 집단으로 평가받는다. 또한 세계자연보전연맹(IUCN), 그린피스(Greenpeace), 세계자연기금(WWF), 지구의벗(Friends of the Earth)과 같은 비정부기구(NGO) 그리고 세계경제포럼(WEF)과 같은 민간기구에 이르기까지 국제사회는 한목소리로 기후변화를 21세기 인류가 반드시 해결해야 할 가장 시급한 과제로 지적하고 있다.

우리의 일상에서 날씨와 기후에 대한 관심은 매우 크다. 아침에 일어나 가장 먼저 확인하는 것 중 하나가 날씨이며, TV와 라디오에서는 수시로 일기예보를 전한다. 이처럼 단기간의 기상과 장기간에 걸쳐 형성되는 기후는 우리의 삶과 밀접하게 연결되어 있다. 그러나 최근 기상과 기후가 과거와는 비교할 수 없을 만큼 빠르고 크게 변화하면서 일상에 혼란을 주고 있다.

날씨에 대한 국민적 관심이 높아지고 일기예보의 정확도에 대한 기대가 커질수록 기상청의 부담도 커진다. 그러나 자연은 매우 복잡한 시스템으로 이루어져 있어 날씨를 과학적으로 분석하고 예측하는 일은 쉽지 않다. 복잡한 동역학적 수리모형과 슈퍼컴퓨터 그리고 AI 등 첨단 장비를 활용하더라도, 인간의 과학기술만으로 자연현상을 완벽하게 예측하는 데에는 분명한 한계가 있다.

기후변화는 21세기 인류가 직면한 가장 시급한 문제 중 하나다. 특히 지구온난화는 전 세계에 심각한 혼란을 초래하고 있다. 기온 상승과 함께 강수 패턴은 예측하기 어려워졌고, 황사는 계절 구분 없이 발생한다. 강한 자외선과 미세먼지, 잦은 오존 경보로 야외 활동의 부담이 커졌으며, 태풍과 비정상적인 폭우는 인명과 재산 피해를 확대하고 있다. 더불어 고온다습한 환경은 새로운 전염병의 출현을 촉진하고, 해충과 꽃가루로 인한 불편도 증가하고 있다.

계절 변화를 주제로 한 지역 축제를 준비하는 행사 관계자들 역시 변덕스러운 날씨로 어려움을 겪는다. 농민과 의류업체, 전자회사, 식품회사, 발전회사, 기상 컨설팅 기업은 물론 주말이나 휴가를 계획하는 시민에 이르기까지, 모두가 변화무쌍한 날씨의 영향을 받는다. 특히 단기간의 기상 변화보다 장기간 지속되는 기후변화는 우리의 일상을 훨씬 더 강하게 지배한다.

기후변화가 자연생태계에 미치는 영향은 치명적이다. 식물은 생존 자체가 위협받고, 곤충과 양서·파충류, 조류, 포유류 역시 기후변화에 적응하지 못해 이동과 번식에 혼란을 겪고 있다. 인간의 식량 생산 또한 점차 어려워지고 있으며, 기후변화를 초래한 주체가 인간인 만큼 그 피해는 생태계 전반으로 확산되고 있다. 이러한 흐름 속에서 기업 역시 기후변화를 환경·사회적 책임·지배구조(ESG)의 핵심 과제로 인식하고 적극적으로 대응하고 있다.

이 책에서는 기후변화의 의미와 원인, 우리 삶에 미치는 영향, 그리고 이에 대한 대응 방안을 함께 살펴본다. 이 책은 2018년에 발간된 책의 내용을 빠르게 바뀐 시대의 변화상을 반영하여 새로 집필했다. 이 책의 후반부에는 책에서 사용한 용어 설명, 참고한 책, 더 읽어볼 책들, 찾아보기 등이 소개되어 있다. 이를 통해 독자들이 기후변화를 체계적으로 이해하고 효과적으로 대비하며, 나아가 자신의 미래를 설계하는 데 도움을 얻기를 바란다. 하늘을 맑게 하고 자연생태계의 다양성을 지켜가는 주인공이 되어 보자.

차례

1장

기후는
무엇일까?

지구의 기후를 지배하는 태양

138억 년 전에 빅뱅으로 우주가 만들어진 뒤 45~46억 년 전에는 지구가 탄생했으며, 암석과 공기가 만들어진 뒤 액체 상태의 물이 생겨나고, 이어 생물이 등장했다. 오늘날 지구의 기후는 암석권(땅), 대기권(공기), 수권(바다, 하천, 호수), 빙권(얼음), 생물권 등이 하나의 시스템이 되어 서로 영향을 주고받으며 끊임없이 변화한다.(그림 1)

태양은 지구 기후의 가장 근본적인 에너지원으로, 태양의 복사에너지 변화, 흑점 활동, 태양풍 등은 지구의 온도, 대기 순환, 강수량, 생태계 등에 직접적이고 간접적으로 영향을 미친다. 지구의 기후 시스템을 지배하는 에너지의 99.98%는 태양으로부터 나온다. 공기 중에 있는 이산화탄소(CO_2), 메탄(CH_4) 등 온실기체는 표면 온도가 6,000℃나 되는 태양이 만들어내는 짧은 파장의 복사에너지를 통과시켜 지구의 기온을 유지해준다. 한편 온실기체는 지구가 방출하는 긴 파장의 복사에너지는 흡수해 가둬두면서 지구의 기온은 높여주는 온실효과(greenhouse effect)를 일으킨다. 한편 대기 중 온실기체에 의한 온실효과가 없다면 지구의 평균기온은 영하 18℃로 떨어지게 된다. 다시 말해 지구의 기온이 일정하게 유지되려면 온실효과가 필요하나 정도가 지나쳐서 문제다.

날씨는 어떻게 만들어지나?

흔히 날씨라고 부르는 기상 현상은 지표에서 높이 6~8km까지, 적도에서는 고도 약 17km까지 이르는 대류권에서의 대기 활동으로 주로 나타난다. 날씨는 기온, 강수, 바람, 일사, 습도, 증발산 등 여러 기상 요소가 서로 어우러져 만들어내는 대기 현상이다. 동시에 날씨는 위도, 지형, 땅, 호수, 바다의 분포, 식생, 토지 이용 등 기상 인자 또는 지리적 요인의 영향을 받는다. 이처럼 기상 요소와 기상 인자가 유기적으로 작용하면서 그날의 날씨가 형성된다.

최근에는 기상에 영향을 미치는 대기와 해양 사이의 열과 수분 균형이 깨지면서 전 세계적으로 심한 가뭄과 집중호우, 여름철 고온 현상과 봄철 이상 호우가 나타나고 있다. 한편 내일의 날씨를 보다 정확하게 예측하려는 노력에 힘입어 일기예보의 적중률도 점차 높아지고 있다.

대기권

암석권

수권

생물권

〈그림 1〉 지구시스템

지구가 탄생할 당시 지구를 둘러싼 원시 대기는 현재의 태양처럼 수소나 헬륨 등의 기체로 구성되어 있었으나 나중에는 진공 상태에 가까워졌다. 그러다 화산 폭발 등에 따라 지구 내부로부터 뿜어져 나온 85%의 수증기, 10% 정도의 이산화탄소, 약간의 질소, 유황, 나트륨, 염소 등으로 다시 채워졌다. 지구 내부로부터 분출되고 외계로부터 추가된 화산 가스의 성분은 수십억 년의 세월을 지나면서 암석권, 기권, 수권, 생물권이 조화와 균형을 이루며 오늘날과 같은 지구시스템을 만들었다.(그림 1)

지구의 기후 시스템이 유지되기 위해서는 온실기체가 대기의 온도를 높여주는 온실효과가 필요하다. 그러나 18세기 중반부터 산업혁명에 따라 화석연료의 소비가 늘면서 대기 중 온실기체의 양도 크게 늘었다. 그 결과 기온이 가파르게 오르는 지구온난화가 나타났다. 우리나라에서 기온이 갑자기 상승한 것은 1960년대부터 가파른 인구 증가와 고도의 경제성장 그리고 도시화에 따라 화석연료의 사용량이 많아져 온실기체는 많아졌으나 이산화탄소를 흡수하는 숲의 면적이 크게 늘지 않았기 때문이다.

지구촌의 고민거리 기후변화

오늘날 국제사회는 해결해야 할 고민거리 가운데 환경문제는 개발도상국과 선진국 공통의 숙제다. 특히 지구온난화를 비롯한 기후변화는 모른 척하거나 그냥 놓아둘 수 없는 뜨거운 감자다. 18세기 중반 시작된 산업혁명 이래 산업화와 도시화 과정에 석유, 석탄 등 화석연료를 많이 소비했다. 동시에 지구의 에너지와 물의 순환을 조절하는 열대우림 등 숲을 파괴하고 농경지와 도로를 만들고 가축을 기르고 도시를 건설하는 등 개발이 이어졌다. 그 결과 대기 중 이산화탄소, 메탄과 같은 온실기체가 늘면서 온실효과로 지구온난화가 심해졌다.

지난 100년 동안 세계의 평균기온은 산업화 이전보다 약 1.2℃ 정도 상승했으며, 지난 수십 년 동안 상승 속도가 가팔라져 2024년에는 산업화 이전 대비 1.5℃를 초과했다. 우리나라는 같은 기간에 기온이 약 1.9~2.0℃ 상승하며 지구 평균보다 2배 빠르게 온난화가 진행되면서, 폭염과 열대야가 늘고, 여름이 길어지는 등 심각한 기후변화를 겪었다.

기후변화는 일상생활에 불편을 주는 정도를 넘어 인류의 생존에도 위협적이며, 동식물을 비롯한 자연생태계 전체에 큰 부담이 되고 있다. 유엔환경계획(UNEP)도 인류가 해결해야 할 10가지 환경문제로 기후변화와 함께 서식지 파괴, 화학비료 사용, 천연자원 남용, 외래종 침입, 식수 오염과 위생, 납 중독, 도시 대기오염, 분진에 의한 건강피해 등을 들었다.

국제사회는 인류와 생물의 생존을 위협하는 기후변화의 위험을 평가하고 국제적으로 대책을 세우고 있다. 세계기상기구(WMO)는 1988년 유엔환경계획(UNEP)과 공동으로 유엔(UN) 산하에 기후변화에 대한 정부 간 협의체(IPCC)를 설립하여 기후변화 문제 해결에 나섰다. IPCC는 전 지구 기후변화 추세를 분석하여 지금처럼 온실기체가 늘어난다면 2100년에 지구 평균기온은 4.7°C, 우리나라는 5.7°C까지 오를 것으로 예측했다.

이처럼 기후변화는 전문가들뿐만 아니라 지구촌 모든 사람이 실감하는 생존을 위협하는 요인이다. 인류는 지금까지 경험하지 못한 태풍, 폭우, 가뭄, 추위, 무더위, 사막화, 산불 등을 새롭게 경험하고 있다. 우리의 생활에 영향을 미치며 삶의 질을 떨어뜨리는 기후변화의 부작용과 피해를 우려하는 목소리는 점점 커지고 있다. 인간뿐만 아니라 자연생태계를 지탱하나 말도 하지 못하는 동식물도 기후변화에 따라 고통을 받으면서 신음하다가 주변에서 사라지고 있다. 지구 역사 46억 년에 걸쳐 이루어진 자연의 질서가 무너져 가면서 우리가 물려받은 기후와 자연생태계라는 자연유산을 후손들에게 오롯이 물려 줄 수 있을지 의문이다.

기상과 기후

기후변화와 관련해 한 가지 짚고 넘어갈 점이 있다. 우리는 흔히 기상(날씨)과 기후라는 용어를 뒤섞어 사용하는데, 이 둘은 사실 서로 다르다. 기상은 날씨 또는 일기라는 뜻으로, 그날의 기온 · 비 · 바람처럼 짧은 기간의 대기 상태를 말한다. 반면 기후는 어떤 지역에서 오랜 기간 반복되어 나타나는 평균적인 기상 현상으로, 보통 30년 이상 관측한 날씨의 평균값을 의미한다. 사람에 비유하면 기상은 그날의 기분이고, 기후는 성격이라고 할 수 있다. 즉 하루 일을 기록한 일기가 기상이라면, 일생을 기록한 전기는 기후인 셈이다.

세계기상기구(WMO)에 따르면 이상기상은 월평균기온이나 월강수량 등이 약 30년에 한 차례 정도 나타나는 비정상적인 상태를 말한다. 단기간에 큰 피해를 주는 폭우, 폭염, 혹한, 태풍 등은 평소의 기후 수준을 크게 벗어난 이상기상에 해당한다.

이에 비해 기후변화는 최소 30년 이상 유지되던 기후의 평균값이 눈에 띄게 상승하거나 하강하는 현상을 뜻한다. 즉, 어떤 지역에서 매년 반복되던 평균적인 기후가 태양 활동 변화나 해수면 온도 변화와 같은 자연적 요인, 또는 이산화탄소 배출이나 삼림 파괴와 같은 인위적 요인에 의해 변화하는 것이 기후변화다. 이 가운데 지구 평균기온이 상승하는 추세를 지구온난화라고 한다.

기후변화가 일어나는 데에는 자연적인 요인과 인위적인 요인이 있으며, 자연적 요인에는 다시 태양 활동 변화, 태양과 지구의 천문학적 변화처럼 지구 바깥에서 나타나 기후에 영향을 미치는 외부적 요인과 화산 분출에 따른 작은 입자인 에어로졸의 증가, 산불 등 지구의 내부적 요인이 있다. 기후변화의 인위적 요인으로는 화석연료 사용에 따른 이산화탄소 같은 온실기체의 증가와 개발과 벌목으로 인해 이산화탄소를 흡수하는 삼림이 사라지는 것 등을 들 수 있다.

IPCC는 인류가 지금과 같이 온실기체를 배출한다면 2100년에는 지구의 연평균기온이 현재보다 4.4°C 오르고, 우리나라는 5.7°C까지 오를 것으로 예측하기도 했다. 물론 한 해도 거르지 않고 꾸준히 평균기온이 상승할 것으로 보는 것은 아니다. 한편 지구온난화 자체를 부정하는 학자들 가운데에는 지난 20년 동안의 기온 상승이 통계학적으로 중요한 의미를 없다는 주장을 하는 사람도 있다. 그러나 과거 여러 해 동안 계속되어온 지구온난화가 인간과 자연생태계에 영향을 미친다는 점에는 의견이 같다.

우리 모두 기후변화의 부작용과 문제의 심각성에 대해 잘 알고 있다. 하지만 무슨 일을 어떻게 해야 문제를 풀어갈 수 있을지 잘 몰라 당황스러운 것 또한 사실이다. 물론 기후변화 과학은 대부분 사람에게 낯선 분야이고, 쉽게 다가오는 주제도 아니다. 하지만 미래에 대하여 적극적으로 대응하기 위해서는 기후변화에 대해 바르게 알 필요가 있다. 한 사람의 힘으로는 지구온난화를 막지 못하겠지만, 개인의 작은 실천이 하나뿐인 지구를 구하는 출발점이 된다. 더 늦기 전에 지구온난화를 줄이기 위해 우리가 할 수 있는 일을 찾아 실천해야 한다.

지난 113년의 우리나라 계절 변화

기상청에 따르면 우리나라의 기후는 1912~1940년까지 '과거 30년'에 비해 2015~2024년까지 '최근 30년' 동안 여름은 길어지고 겨울은 짧아졌다. 여름(일 평균기온이 20℃ 이상 올라간 뒤 다시 떨어지지 않는 첫날에 시작)은 25일 증가했다. 최근 10년(2015~2024) 동안 여름은 130일로 더 길었다. 특히 낮 더위보다 밤 더위가 심해져 최근 30년 동안 바깥 최저기온이 25℃ 이상을 기록한 열대야 일수는 평균 17.4일로, 과거 30년(평균 8.4일)보다 9일이나 늘었다.

여름이 길어진 데 비해 겨울(일 평균기온이 5℃ 미만으로 내려간 뒤 다시 올라가지 않는 첫날에 시작)은 22일 짧아졌다. 과거에는 겨울이 가장 긴 계절이었으나, 현재는 여름이 압도적으로 가장 긴 계절이 되었다. 가을은 5일 짧아졌고 대신 봄은 2일 길어졌다.

1912~2024년까지 113년 동안 연강수량은 10년마다 17.83mm씩 증가했는데, 강수일(하루 강수량이 0.1mm 이상인 날)은 10년에 0.68일씩 줄었다. 비가 한 번 쏟아질 때 더 많이 쏟아지는 일이 많아져 홍수와 산사태와 같은 자연재해가 잦아졌다.

긴 온난기와 짧았지만 강력했던 한랭기

약 25억 년 전 이후를 기준으로 보면 지구는 극지방에 빙하가 거의 없거나 완전히 사라져 현재보다 따뜻했던 온난기(Greenhouse Earth)가 약 70% 이상으로 길었다. 공룡이 번성했던 중생대(약 2억 5,000만 년 전~6,500만 년 전)가 대표적인 온난기다. 반면 한랭기(Icehouse)는 대륙 전체나 극지방에 영구적인 빙하가 존재했던 시기로 약 30% 미만을 차지했다. 지구가 '눈덩이 지구' 또는 '냉동고 같은 지구'처럼 추위에 휩싸였던 주요 빙하기는 5번 정도 있었으며, 현재 우리는 약 3,400만 년 전부터 시작된 '신생대 빙하기' 속에 살고 있다. 한랭기 안에서도 지구는 더 추운 빙기(Glacial)와 비교적 따뜻한 간빙기(Interglacial)가 반복되었다. 추운 빙하기는 약 80~90%를 차지해 약 8~10만 년 이어졌으며, 약간 따뜻한 간빙기는 약 10~20% 정도로 약 1~2만 년 계속되었다.

플라이스토세 빙하기 동안 태평양과 대서양에서 수분이 공급된 북아메리카와 유럽 북부에는 두께가 3,000m 내외에 이르는 거대한 대륙빙하가 발달했다. 오늘날에는 지표의 10% 정도를 빙하가 덮고 있지만 2만 년 전 마지막 빙하기 때에는 육지의 약 32%와 해양의 30% 정도를 얼음이 덮었다. 당시 지구의 평균기온은 약 7.8℃로, 현재보다 약 6.1℃ 정도 더 낮았던 것으로 알려져 해수면이 오늘날보다

지질시대 빙하기

>>>>>>>>>> 약 21~24억 년 전 원생대 초기에는 휴로니안 빙하기(Huronian glaciation)라는 오랜 한랭기가 있었다. 지질학적 증거가 남아 있는 빙하기 가운데 가장 오래된 것은 스터티안 빙하기(Sturtian glaciation, 약 7억 년 전)와 마리노안 빙기(Marinoan glaciation, 약 6.4억 년 전)로, 얼음이 지구 전체를 완전히 덮어 지난 10억 년 가운데 가장 추웠던 시기였다.

고생대에는 약 4억 3천만~4억 6천만 년 전에 걸쳐 작은 빙하기인 안데스–사하라빙기(Andean–Saharan glaciation)가 있었다. 같은 고생대인 약 3억 6천만~2억 6천만 년 전 사이의 카루 빙기(Karoo Ice Age)에는 빙하가 넓어지면서 생물의 대량 멸종이 일어났다.

현재의 빙하기는 약 4,000만 년 전 남극의 빙상이 커지면서 시작되었고, 약 300만 년 전부터는 북반구의 빙상까지 확대되며 본격화되었다. 이 시기 북아메리카 대륙과 남아메리카 대륙이 서로 연결되면서 태평양과 대서양이 육지로 막혔다. 그 결과 멕시코만에서 출발해 북쪽으로 흐르는 따뜻한 걸프 해류가 막대한 양의 수분을 북반구에 공급하면서 북아메리카와 유럽에서 빙하가 빠르게 성장했다.

약 258만 년 전에 시작되어 약 1만 2천 년 전까지 이어진 신생대 제4기 플라이스토세(Pleistocene)에는 빙하기와 간빙기가 번갈아 나타났다. 플라이스토세 동안 빙하는 약 4만 년과 10만 년의 주기로 확대와 후퇴를 반복하며, 약 18차례의 빙하기와 간빙기가 교차했다. 빙하기는 약 10만 년 정도 지속되었고, 간빙기는 약 1만 8천~2만 8천 년 이어졌다.

많게는 130m 안팎으로 내려가 얕은 바다는 육지로 바뀌었다. 유라시아와 북아메리카 사이에 있는 베링해협이 육지로 연결되면서 연륙교(land bridge)를 통해 생물과 아시아를 떠난 사람은 북아메리카에 도착했다.

마지막 빙하기는 약 11만 년 전부터 1만 2천 년 전까지 이어진 시기로, '최후 빙기(최종 빙기)'라고도 불린다. 이 시기는 신생대 제4기 플라이스토세 빙하기에 속하며, 한랭한 빙기와 비교적 온난한 간빙기가 반복되는 특징을 지닌다. 현재 인류가 살고 있는 홀로세는 이러한 간빙기에 해당하며, 현 간빙기가 앞으로 약 5만 년가량 지속될 것이라는 주장도 제기되고 있다.

한편 아시아지역은 시베리아 내륙에 중심을 둔 한랭 건조한 기단의 영향으로 대륙빙하가 넓게 발달하지 못하고 높은 산에 드문드문 산악빙하가 나타났다. 한반도를 포함한 동북아시아는 빙하기 동안 대규모의 빙하는 나타나지 않았으나, 북한의 백두산, 포대산, 설령, 언진산 등지에 산악빙하가 만든 빙하지형이 발달할 정도로 한랭건조했다. 아울러 제주도가 연륙교를 통해 한반도 연결되어 극지방에 살던 극지고산식물이 옮겨와 한라산 정상에 정착할 정도로 추위는 혹독했다. 지금부터 12,000년 전에는 오늘과 기후가 비슷한 홀로세(Holocene) 또는 후빙기로 부르는 신석기시대가 시작되었다.

빙하기가 주기적으로 찾아오는 이유는 태양 활동에 따라 지구에

도달하는 태양 에너지의 주기적으로 변화, 대륙이 이동하면서 땅의 지리적인 위치가 극지로 이동해 대륙빙하가 형성, 지구 자전축의 주기적인 변화, 대기 성분의 변화로 인한 온실효과 등 다양하다. 장기

밀란코비치 주기

세르비아의 천문학자 밀란코비치(M. Milankovitch)는 지구 공전궤도의 이심률과 자전축 경사의 변화, 세차운동이 지구의 기후변화 패턴을 결정한다는 수학적 가설을 세웠다. 지구의 자전축은 회전하는 팽이처럼 요동치며 약 26,000년마다 한 바퀴 세차운동을 한다. 한편 지구의 타원 궤도의 축도 반대 방향으로 훨씬 서서히 회전한다. 이러한 운동은 춘분점과 추분점을 약 23,000년 주기로 서서히 이동시킨다.

지구가 태양 주위를 공전하는 궤도면인 황도면에 대한 지구 자전축의 경사는 41,000년을 주기로 21.5~24.5도 사이를 오르내리며, 현재의 각도는 23.44도로 서서히 줄어들고 있다. 지구의 공전궤도는 약 10만 년을 주기로 변하고, 지구의 자전축 경사는 약 4만 1천 년을 주기로 조금씩 변화한다. 이에 따라 지구가 태양으로부터 받는 복사에너지의 양도 주기적으로 달라지며, 이러한 변화는 기후에 영향을 미친다.

즉, 지구가 태양 주위를 도는 공전궤도와 자전축의 기울기가 주기적으로 변하면서 약 10만 년을 주기로 빙기와 간빙기가 번갈아 나타난다는 이론이다. 밀란코비치 주기(Milankovitch cycles)는 이처럼 지구 자체의 운동이 결합되어 나타나는 효과로 지구 기후변화의 원인을 설명하는 이론이다.

적인 빙하기는 대기 성분의 변화와 대륙의 이동으로 설명되며, 단기적인 빙하기와 간빙기는 밀란코비치 주기를 이용해 설명한다. 현재 인류는 약 1만 2,000년 전 시작된 따뜻한 간빙기인 홀로세에 살고 있으나, 산업혁명 이후 인간 활동에 따라 지구온난화가 두드러지며 자연적인 주기를 벗어난 변화로 어려움을 겪고 있다.

인류 역사를 바꾼 기후

인류가 살 곳을 스스로 택했다고 생각하지만 기후는 인간의 거주지를 결정하는 '보이지 않는 손'이다. 300~500만 년 전 현생인류의 조상이 처음 지구상에 등장해 동아프리카를 중심으로 살다가 9~12만 년 전이 돼서야 아라비아반도로 이동했다는 것을 고고학적 증거와 유전체 증거는 뒷받침한다. 고대 인류가 탄생한 기원지인 아프리카 대륙을 떠난 것도 아프리카 북부 사하라사막과 사막 남쪽 가장자리 사헬 지역의 기후가 크게 변했기 때문이다.

구석기시대에 수렵과 채집으로 삶을 꾸려가던 인류는 나무와 풀이 많고 물이 많은 곳을 찾아 이동했다. 기후가 건조해지면서 식생이 쇠퇴하자 초식동물들은 먹이를 찾아 풀과 나무가 많은 곳을 찾아 이동하였고 사냥감과 먹을거리를 찾아 사람들도 뒤따라 이동하였다.

구석기시대에 인류는 주변에서 구할 수 있는 식량이 부족해 주로 식물을 채집하고 동물을 수렵하면서 생활했다.

지금으로부터 2~4만 년 전쯤인 신생대 제4기 플라이스토세 마

현생인류의 아프리카 탈출

현생인류의 초기 이주 원인에 대해서는 기후가 건조해져 다른 지역으로 이동했다는 설과, 녹지 축이 형성되어 수렵·채집을 하며 이동했다는 두 가지 가설이 있다. 이 가운데 기후가 초기 인류 진화의 주요 원동력이었다는 견해가 널리 받아들여지고 있다.

미국 컬럼비아대학교의 드 메노칼(P. B. de Menocal) 교수는 인류가 아프리카를 벗어나던 시기에 아프리카 내륙에서는 사막화가 진행된 반면, 아시아와 유럽, 아라비아반도에는 풍부한 녹지가 형성되었다고 주장했다. 약 20만 년 전 동아프리카에 살던 호모 사피엔스가 약 6만 5천 년 전 아프리카를 떠나 유럽과 아시아로 이주한 것도 강수량 감소와 기온 하강에 따른 결과로 보았다. 그는 습도가 높아진 시기에는 인구가 증가하고 이동이 활발해졌으며, 대기가 건조해져 사막화가 진행된 시기에는 인구가 감소했다고 해석했다.

한편 기초과학연구원(IBS)의 팀머만(A. Timmermann) 교수 등은 자전축의 세차운동이 남반구의 여름 일사량을 변화시켜 남부 아프리카의 강우량을 주기적으로 변화시켰다고 설명했다. 이로 인해 약 13만 년 전에는 북동쪽으로, 약 11만 년 전에는 남동쪽으로 녹색 식생축이 형성되었고, 이를 따라 인류의 조상들이 처음으로 고향을 벗어나 이주할 수 있었다고 보았다.

지막 빙기를 전후로 유라시아 대륙의 동쪽 끝자락에 살던 옛 아시아 사람들이 지금의 러시아 동쪽 끝에 있는 추코트카반도(축치반도)를 거쳐 미국의 알래스카를 지나 북아메리카로 옮겨갔다. 오늘날 러시아와 미국 알래스카 사이에 있는 베링해협(Bering Strait)의 평균 수심은 30~50m이고, 가장 좁은 곳은 너비가 85km 정도이며, 북극해와 태평양을 이어주는 통로이다. 그러나 마지막 빙하기 때 해수면은 오늘날보다 100~140m 정도 낮았기 때문에 당시에 베링해협은 바다가 아니었고 유라시아 대륙의 동쪽과 북아메리카 서부를 육지로 이어주던 다리였다. 아시아에 살던 인류는 베링연륙교(Beringia)를 거쳐 아시아를 벗어나 북아메리카에 정착해 북아메리카 원주민이 되었다. 기후변화는 인류가 기원지인 아프리카를 떠나 아라비아반도를 거쳐 아시아와 유럽 그리고 아메리카까지 자리 잡는 데 중요했다.

　지금으로부터 약 2만 년 전인 신생대 제4기 플라이스토세 최후 빙기(마지막 빙기)는 매우 한랭한 시기로, 인류는 채집과 수렵을 하며 살아가던 구석기시대에 해당한다. 이 시기에 대기 중 이산화탄소 농도도 비교적 낮았다. 이후 마지막 빙기가 끝나고 약 1만 2천 년 전 홀로세에 접어들면서 기후는 이전보다 훨씬 온난해졌고, 인류는 새로운 환경에 적응해야 했다. 이에 따라 채집과 수렵에 의존하던 구석기시대가 막을 내리고, 작물 재배와 가축 사육을 기반으로 한 신석기시대가 시작되었다. 신석기시대에는 기후 온난화와 기술 발달로 농업이 정착되면서 식량 공급이 안정되었고, 인구도 빠르게 증가했다. 구석기시대에는 인구가 두 배로 늘어나는 데 8,000~9,000년이 걸렸지만, 신석기시대에는 그보다 5~6배 이상 빠른 속도로 증가할 만큼 농업 노동력의 중요성이 커졌다.

소빙기와 인간의 삶

기후변화가 인류 문명에 큰 영향을 미쳐 왔다는 사실은 역사 속에서도 확인할 수 있다. 소빙기(Little Ice Age)는 약 14~19세기 중반까지 지구 평균기온이 현재보다 1℃ 이상 낮았던 시기를 말한다. 지역에 따라 차이는 있으나, 대체로 13세기 초부터 17세기 후반까지 이어졌으며, 길게는 19세기 중반까지 지속되었다.(그림 2)

소빙기는 기본적으로 지구의 자연적 활동에서 비롯된 현상이다. 태양 흑점 수가 급감한 '마운더 극소기'와 겹치며 태양 에너지가 감소해 지구 전반의 기온이 낮아졌다. 여기에 대규모 화산폭발로 분출된 화산재와 황산염 입자가 햇빛을 차단해 냉각 효과를 강화했다. 또한 북대서양 해류 순환이 약화되면서 열 전달이 줄어들었을 가능성도 제기된다.

유럽, 아시아, 북아메리카에서는 빙하의 면적이 넓어지고 두께도

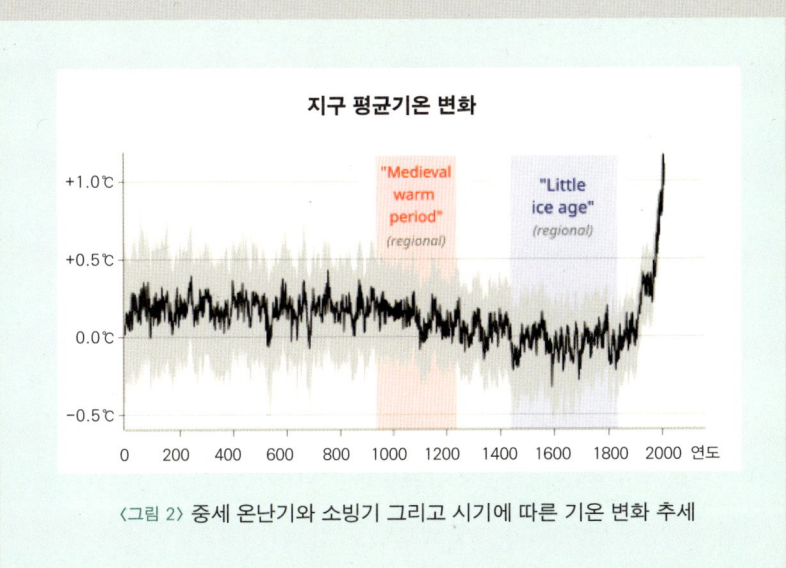

지구 평균기온 변화

"Medieval warm period" (regional)

"Little ice age" (regional)

〈그림 2〉 중세 온난기와 소빙기 그리고 시기에 따른 기온 변화 추세

마운더 극소기(Maunder Minimum)

영국의 천문학자 마운더(E. W. Maunder, 1851~1928)의 이름을 딴 마운더 극소기는 태양의 흑점 수가 비정상적으로 줄어들어 태양 활동이 매우 약했던 시기를 말한다. 이 시기는 1645년부터 1715년까지 이어졌다.

일반적인 태양 활동 주기(약 11년)에는 수만 개의 흑점이 관측되지만, 마운더 극소기에는 약 50개 정도의 흑점만 기록될 정도로 태양 활동이 크게 약해졌다. 이로 인해 지구의 기온도 낮아졌다. 마운더 극소기는 유럽과 북아메리카의 기온이 평년보다 약 1.0~1.5℃ 낮아졌던 소빙기와 겹치고 태양 활동이 약해지면서 오로라가 나타나는 횟수도 크게 줄었다.

마운더는 오래된 기록과 문헌을 조사하여 이러한 사실을 밝혀냈다.

두꺼워졌으며, 이전에는 얼지 않던 강들이 자주 얼었다. 이 시기 유럽에서는 홍수와 가뭄이 자주 발생했고, 날씨가 추워져 농사가 제대로 이루어지지 않았다.

유럽의 겨울은 이전보다 훨씬 춥고 길어졌고, 여름은 습하고 짧아져 여러 지역에서 환경 변화가 나타났다. 영국의 템스강과 네덜란드의 운하는 꽁꽁 얼어붙어, 얼음 위에서 축제가 열리기도 했다.

영국에서는 포도 재배가 어려워졌고, 그린란드에 진출했던 바이킹들은 결국 유럽으로 돌아갔다. 알프스 지역에서는 산 위에 있던 빙하가 점점 넓어지면서 골짜기에 있던 마을을 덮치는 일도 발생했다.

한편 유럽에서는 감자와 같은 농작물의 수확량이 줄어들어 식량이 부족해졌고, 이로 인해 대기근(1315~1317), 사회 혼란, 전쟁 등이 이어졌다. 식량 부족은 전염병 확산과 마녀사냥, 30년 전쟁과 같은 전쟁, 그리고 민란의 원인이 되기도 했다. 특히 14세기에는 흑사병으로 유럽 인구의 약 3분의 1이 사망했으며, 전 세계적으로는 약 1억 명이 목숨을 잃은 것으로 추정된다.

몽골 지역에서는 가축을 먹일 초원이 줄어들면서 영토를 둘러싼

우리나라의 소빙기

그렇다면 이 시기 우리나라의 상황은 어떠했을까? 소빙기가 한창이던 17세기는 조선 중기에 해당한다. 기록에 따르면 서울에서 한강이 얼기 시작하는 시기는 보통 음력 12월 3일쯤이지만, 17세기에는 이보다 더 이른 시기에 한강이 자주 얼었다. 심지어 음력 9~10월에 한강이 얼었던 기록도 있다.

또한 1670년에는 봄꽃이 피기 시작하는 음력 2월 20일에도 한강이 얼어, 그 얼음을 빙고에 저장하기도 했다. 이 시기에는 동해도 여러 차례 얼었으며, 제주도에서는 눈이 많이 내려 말들이 죽고, 우박과 서리가 자주 내려 농사를 망치는 일도 발생했다.

얼음이 일찍 얼고 늦게 녹으면서 농사와 어로 등 사람들의 생계가 큰 어려움을 겪었고, 계속된 추위로 인해 우리 역사상 최악의 기근으로 꼽히는 '경신 대기근'(1670년 경술년부터 1671년 신해년까지)이 발생했다.

경쟁이 한층 치열해졌다. 이러한 환경 속에서 칭기즈 칸은 몽골을 통일했고, 중국에서 동유럽에 이르는 광대한 몽골 제국을 건설했다. 이 과정에서 화약, 종이, 나침반, 인쇄술 등 동양의 발명품이 서양으로 전파되었다. 이처럼 기후변화는 정치와 문화, 기술 교류 등 여러 측면에서 인류 역사에 깊은 영향을 미쳤다.

과거에 겪었던 기후변화의 피해가 언제, 어떤 모습으로 다시 나타날지는 알기 어렵다. 그러나 미리 기후변화에 대비한다면, 우리의 삶에 큰 피해를 주는 재앙을 어느 정도 막을 수 있다. 기후변화로 인한 재해 피해를 줄이는 일은 누군가 대신해 줄 수 없으며, 우리 스스로 책임져야 한다는 사실을 알아야 한다. 이를 위해 나부터 시작해 가족, 지역사회, 국가, 나아가 전 세계의 모든 사람들이 지구 환경과 기후를 지키는 일에 함께 나서야 한다.

한편 소빙기 이전에는 중세 온난기라 불리는 따뜻한 시기가 있었는데, 이 시기는 약 900년에서 1300년 사이로, 오늘날보다 기온이 약간 높았던 것으로 알려져 있다. 중세 온난기 당시 일부 지역의 기온은 현재와 비슷하거나 조금 더 높았을 수 있지만, 전 지구 평균기온은 현재보다 낮았다. 현재의 지구 평균기온은 지난 1,200년 동안 가장 높은 수준에 이르렀다.

온대 국가에서 아열대 국가로

지구의 기후는 지역의 위치와 높이, 바다와의 거리 같은 기후 인자와 함께 기온, 강수량, 습도, 바람, 일사 등의 기후 요소에 따라 다양하게 나타난다. 이처럼 지역마다 다른 기후의 특징을 구분하는 방법도 여러 가지가 있다. 독일의 기후학자 쾨펜은 식물이 자라는 데 중요한 기온과 계절에 따른 건조·습윤 상태, 여름 기온 등을 바탕으로 자연 식생과 기후의 관계에 따라 지구의 기후대를 나누었다.

농업과 인간 생활에 중요한 자연식생의 분포를 기준으로 한 쾨펜의 기후대(그림 3)에 따르면, 우리나라는 북위 30~50° 사이에 위치하며 열대와 한대의 중간에 해당하는 온대에 속한다. 온대는 사계절이 뚜렷해 인간의 거주와 농업 활동에 비교적 유리한 기후를 보이며, 지구 육지 면적의 약 27%를 차지한다. 쾨펜은 가장 추운 달의 월평균 기온이 −3~18℃인 지역을 온대기후로 보았고, 이보다 기온이 높으면 아열대·열대기후, 낮으면 냉대·아한대·한대기후로 구분했다.

온대는 자연 조건이 비교적 좋아 쾌적한 기후를 이루며, 산업과 문화가 발달해 인구가 많은 지역이다. 이 때문에 선진국이 다수 속한 경제협력개발기구(OECD) 회원국도 온대에 많이 분포한다. 서유럽과 동아시아, 아메리카 대륙의 동·서부 해안, 오스트레일리아 동부, 아르헨티나 동부 등이 대표적인 온대 지역이다.(그림 3)

<그림 3> 쾨펜의 기후대

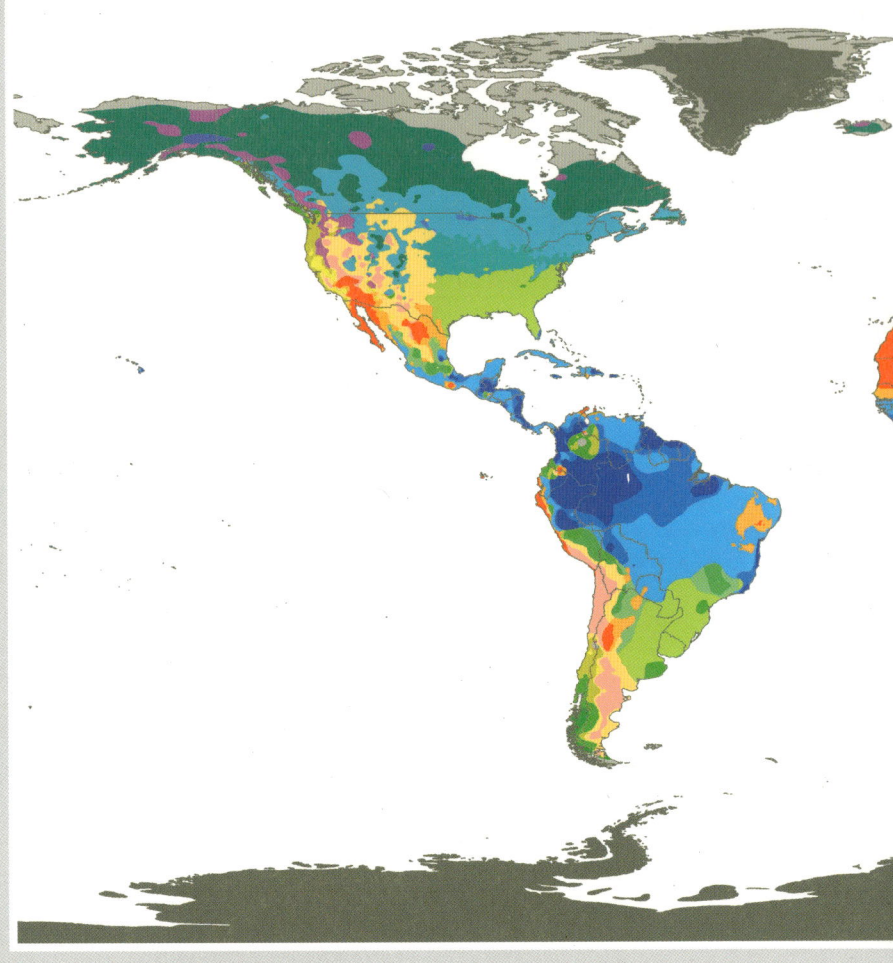

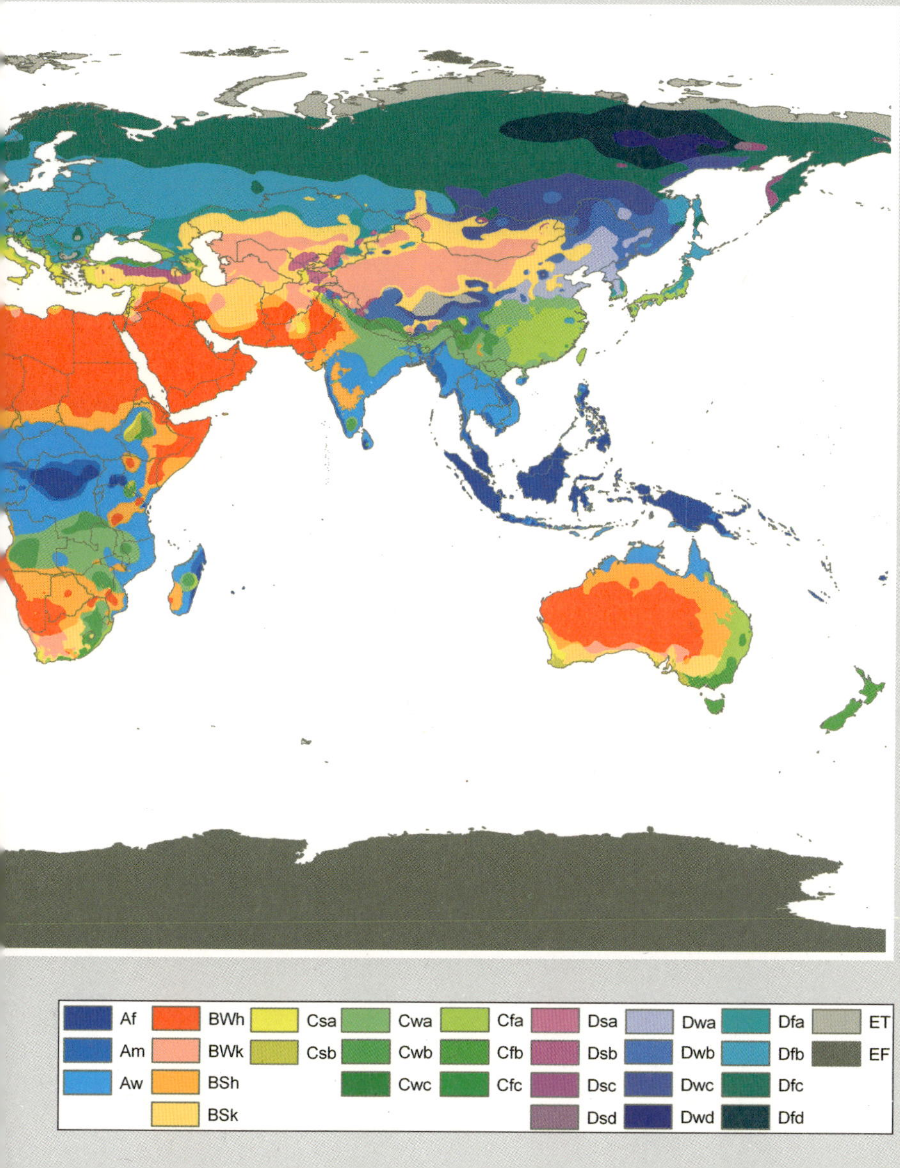

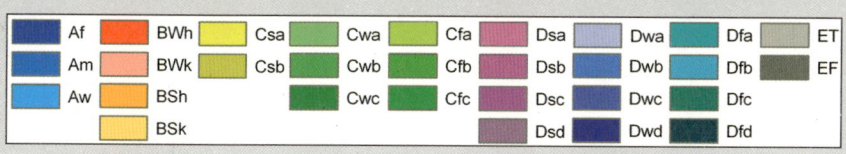

Af	BWh	Csa	Cwa	Cfa	Dsa	Dwa	Dfa	ET
Am	BWk	Csb	Cwb	Cfb	Dsb	Dwb	Dfb	EF
Aw	BSh		Cwc	Cfc	Dsc	Dwc	Dfc	
	BSk				Dsd	Dwd	Dfd	

우리나라는 중위도 온대기후대에 위치해 있어 사계절이 뚜렷하다. 겨울에는 대륙성 고기압의 영향으로 춥고 건조하며, 여름에는 북태평양 고기압의 영향으로 덥고 습하다. 봄과 가을에는 이동성 고기압의 영향으로 맑고 건조한 날이 많은 편이다.

기상청이 1973년부터 2024년까지 전국 60개 지점의 관측 자료

쾨펜의 기후대

독일의 기후학자 쾨펜(W. P. Köppen)은 식물 분포가 기후의 영향을 크게 받는다고 보고, 기온과 강수량을 기준으로 기후를 구분했다. 그는 세계의 기후를 A~E형으로 나누었으며, 이 가운데 B형을 제외한 대부분의 기후형은 주로 기온을 기준으로 분류했다.

B형 기후는 식생에 공급되는 강수량과 증발로 인해 손실되는 수분의 양을 비교하여, 건조한 정도에 따라 구분하였다. 또한 A형, C형, D형 기후는 연중 강수량의 분포에 따라 다시 나눈 뒤, 기온의 높고 낮음에 따라 세분하였다. E형 기후는 식생이 자랄 수 있는지를 기준으로 하여, 툰드라 기후(ET)와 빙설 기후(EF)로 나누었다.

한편 쾨펜의 기후 구분은 주기적인 가뭄이나 한파와 같은 극단적인 기상 현상, 그리고 일조량과 풍속처럼 식물의 생장에 중요한 기상 요소들이 충분히 반영되지 못했다는 한계가 있다. 또한 현재의 식생은 현재의 기후가 아니라 과거 기후의 영향을 받아 형성된 것이기 때문에, 쾨펜의 기후 구분에도 일정한 한계가 존재한다.

를 분석한 결과, 우리나라에서는 기온 상승과 여름 장기화 등 뚜렷한 기후변화가 나타났다. 특히 2024년은 113년 기상 관측 이래 가장 더운 해로 기록되었으며, 앞으로도 여름 평균기온 상승과 폭염 일수 증가, 강수량 변화로 폭염과 집중호우 같은 극한 기후 현상이 더욱 잦아질 것으로 보인다.

북반구 중위도 지역의 겨울은 보통 춥고 건조하지만, 때로는 비정상적으로 기온이 오르는 이상 난동이나 갑자기 추워지는 이상 한파가 나타나기도 한다. 따뜻한 겨울이 이어지다가 갑자기 북반구 전역에 매우 강한 추위가 닥치는 현상은 '극소용돌이'와 관련이 있다.

극소용돌이^(폴라 보텍스)는 겨울철 극지방의 성층권에 형성되는 강한 저기압성 편서풍으로, 차가운 공기를 극지방에 가두는 역할을 한다. 그러나 최근 북극의 온난화로 인해 극소용돌이의 움직임이 불안정해지면서, 이 찬 공기가 남쪽으로 내려와 중위도 지역까지 한파가 확장되는 현상이 나타나는 것으로 보인다.^(그림 4)

극소용돌이는 제트기류라 불리는 강한 바람대가 극지방을 빠르게 회전하며 둘러싸고 있어, 보통은 찬 공기가 극 지역에 머문다. 그러나 지구온난화로 북극의 기온이 상승하면서 찬 공기를 가두던 제트기류의 힘이 약해졌다. 그 결과 북극의 찬 공기가 남쪽으로 내려오며 우리나라 주변에서도 한파가 발생하게 된다.

지난 100여 년 동안 우리나라에서는 기온과 강수량, 바람, 태풍,

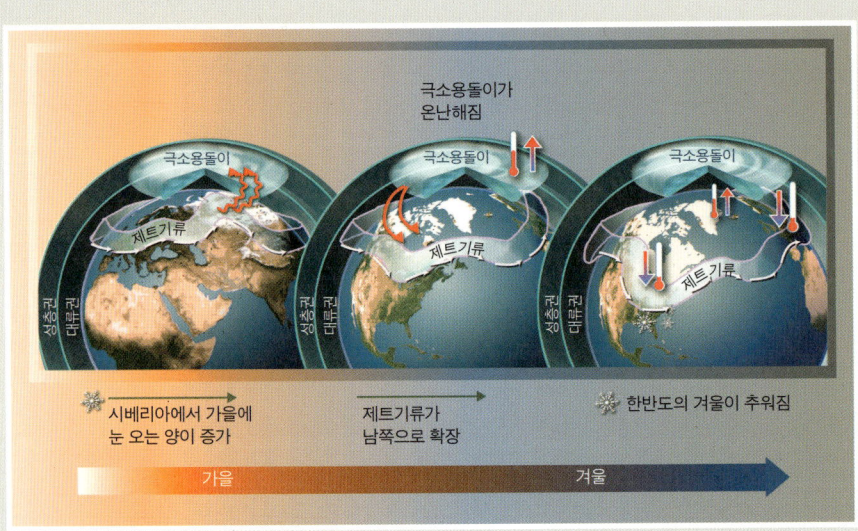

극소용돌이가
온난해짐

극소용돌이   극소용돌이   극소용돌이

제트기류   제트기류   제트기류

성층권 대류권   성층권 대류권   성층권 대류권

시베리아에서 가을에   제트기류가   한반도의 겨울이 추워짐
눈 오는 양이 증가   남쪽으로 확장

가을   겨울

〈그림 4〉 북극 극소용돌이의 영향과 한파

해수 온도, 해수면 높이 등에서 많은 변화가 나타났으며, 이러한 변화는 앞으로도 계속될 것으로 보인다. 따라서 기후변화의 추세를 과학적으로 관측하고 분석하며 이에 대비하지 않는다면, 기후변화로 인한 재앙을 피하기 어렵다.

한반도의 기후변화가 우리에게 큰 재앙이 될지, 아니면 새로운 기회가 될지는 기후변화를 바라보는 우리의 관심과 적극적으로 극복하려는 의지에 달려 있다.

극소용돌이(polar vortex)

극소용돌이는 극지방을 중심으로 형성되는 행성 규모의 저기압성 흐름으로, 북극이나 남극과 같은 극지방의 대류권 상층부터 성층권까지에 걸쳐 나타나는 강한 저기압 소용돌이이다. 규모가 매우 커서 극권(polar circle) 전 지역에 영향을 미치며, 북극에서는 반시계 방향, 남극에서는 시계 방향으로 회전한다. 극소용돌이는 극지방과 적도 사이의 온도 차가 큰 겨울에 가장 강하고, 여름에는 가장 약해진다.

극소용돌이가 강한 겨울에는 하나의 거대한 소용돌이 형태로 나타나며, 극권의 차가운 공기와 저위도의 따뜻한 공기 사이의 경계가 뚜렷해진다. 이 경계를 따라 제트기류(jet stream)가 흐른다. 또한 북반구에서는 대서양과 북극해가 만나는 캐나다 북동부의 배핀(Baffin)섬 부근과 시베리아 북동부 지역에 두 개의 소용돌이 중심이 형성된다.

기후변화가 걱정되나요?

오늘날 전 세계에서는 기상이변과 이상 기상 현상이 거의 날마다 발생하고 있다. 이러한 현상은 시간이 지나며 기후변화로 이어져 우리의 일상과 삶을 위협하고 있다. 이로 인해 기후변화는 국제사회가 함께 해결해야 할 매우 중요한 문제가 되었다.

기후변화는 다소 어렵게 느껴질 수 있지만, 걱정만 하거나 외면할 문제는 아니다. 기후변화에 잘 적응하고 효과적으로 대응하기 위해서는 국제기구와 연구자들의 노력에 관심을 갖고 함께 참여하려는 자세가 필요하다.

지구적 차원에서 기후변화의 원인과 영향, 그리고 대응 방안을 연구하는 국제기구가 바로 기후변화에 관한 정부 간 협의체(IPCC)이다. IPCC는 많은 과학자와 정책 전문가들이 참여해 연구 결과를 정리하며, 이 보고서는 유엔기후변화협약에서 기후 정책을 세우는 데 중요한 과학적 근거로 활용된다.

2007년 기후변화에 관한 정부 간 협의체(IPCC) 보고서는 인간이 배출한 온실기체가 기후변화의 주요 원인임을 분명히 했다. 이어 2014년 보고서는 파리협정이 국제 기후 대응의 기준이 되는 데 기여했으며, 2023년 승인된 제6차 평가보고서(AR6)는 지구 평균기온 상승을 1.5~2℃ 이내로 제한하기 위한 즉각적인 행동이 필요하다고 강조했다.

독일의 막스 플랑크 기상학연구소는 물리학적 기후 모델링과 예측 연구로 잘 알려진 기관으로, 2021년 노벨 물리학상 수상자인 클라우스 하셀만 박사를 배출했다. 또한 스톡홀름 회복력 센터는 지구 생태계의 한계를 평가한 결과, 기후변화와 생물 다양성 손실 등이 이미 위험한 수준에 도달했다고 경고했다.

한편 경제협력개발기구(OECD)는 2030년 미래 사회를 대비하기 위한 주요 방향으로 인구, 에너지와 자원, 사회와 건강, 경제, 그리고 기후변화와 환경 등을 제시했다. 특히 기후 재난과 환경 문제를 줄이기 위해서는 온실기체 배출을 줄이는 노력이 반드시 필요하다고 강조했다.

세계은행(World Bank)에서도 동태평양 적도 지역에서 해수면 온도가 평년보다 0.5℃ 이상 높은 상태가 5개월 이상 지속되는 현상을 엘니뇨라고 한다. 엘니뇨가 발생하면 아시아와 태평양 지역에 가뭄이 잦아져 농업과 관광업 등 여러 산업에 큰 피해를 준다.

한편 1900년대 이후 기상이변과 관련된 자연재해로 전 세계의 경제적 피해는 크게 증가했지만, 조기 경보와 재난 대응 체계가 발전하면서 사망자 수는 감소했다. 1970~2019년 기상·기후·물 관련 재해로 인한 경제적 피해는 약 3조 6천억 달러에 이르렀으며, 피해 규모는 폭풍과 홍수에서 특히 크게 나타났다.

세계은행은 기후변화의 피해를 줄이기 위해 기후변화에 강한 인프라와 조기 경보 시스템, 사회 안전망이 필요하다고 강조했다. 기후 변화를 지금처럼 방치할 경우, 2050년까지 약 13억 명이 자연재해 위험에 노출되고 전 세계적으로 연간 약 158조 달러의 막대한 경제적 손실이 발생할 것으로 전망했다.

한편 매년 스위스 다보스에서 열리는 세계경제포럼(WEF)은 〈글로벌 리스크 보고서〉에서 기상이변을 발생 가능성이 가장 높은 세계적 위협 요인으로 꼽았으며, 난민 문제와 대규모 테러 역시 주요 위험 요소로 지적했다.

미국의 여론조사기관인 퓨리서치센터(Pew Research Center)의 조사에 따르면, 전 세계 40개국 가운데 19개국이 기후변화를 자신들의 지역을 위협하는 요인으로 인식하고 있었다. 특히 중남미(브라질, 페루 등), 아프리카(가나, 나이지리아 등), 아시아(중국, 인도, 필리핀 등) 국가들에서는 기후변화의 피해를 직접 경험한 경우가 많았다.

이처럼 기후변화를 걱정하고 대책을 마련하는 일은 국제기구나 연구 집단만의 문제가 아니라 개인에게도 중요한 과제가 되었다. 오늘 한 사람이 일으킨 작은 행동이 시간이 지나면 지구 반대편에서 태풍이 되어 생명을 위협하고 재산을 파괴하는 나비효과의 출발점이 될 수도 있다는 사실을 기억해야 한다. 따라서 나부터 실천할 수 있는 일을 찾고 행동으로 옮기는 것이 중요하다.

21세기를 살아갈 청소년들이 불확실한 미래에 대해 불안감을 느

끼는 것은 자연스러운 일이다. 그러나 막연히 걱정만 하기보다는 스스로 탐구하고 목표를 세워 노력하는 자세가 필요하다.

빙하기는 다시 올까?

영화 〈투모로우(The Day After Tomorrow)〉는 갑작스러운 빙하기가 찾아오며 인류가 겪는 기상 재난을 그린 작품이다. 반면 〈워터월드(Waterworld)〉는 지구온난화로 빙하가 녹아 해수면이 상승하고, 육지가 물에 잠긴 미래를 배경으로 한다. 특히 투모로우에서는 지구온난화가 오히려 빙하기를 불러온다는 설정이 등장한다.

이 두 영화는 기후변화가 자신과는 상관없는 일이라고 생각했던 사람들에게 그 위험성을 쉽게 이해하게 해 주었다.

한편 지구에 있는 얼음의 약 90%는 남극에 모여 있다. 북극의 얼음이 바다 위에 떠 있는 해빙인 데 비해, 남극은 평균 두께 약 3km의 두꺼운 얼음층이 육지를 덮고 있다. 만약 이 얼음이 모두 녹는다면 해수면은 약 90m 상승해, 사람들이 사는 지역의 절반 이상이 물에 잠기게 된다.

결국 지구의 미래가 워터월드와 같은 바닷속 세상이 될지, 아니면 투모로우처럼 얼음으로 뒤덮인 세계가 될지는 우리가 기후변화에 어떻게 대응하느냐에 달려 있다.

2장

기후는
왜 변화할까?

기후변화를 일으키는 요인들

　기후는 지구가 만들어진 이후부터 끊임없이 변화해 왔으며, 현재
도 변하고 있고 앞으로도 계속 변화할 것이다. 그렇다면 기후변화는
왜 일어날까? 기후는 땅과 공기, 물, 식생 등 여러 자연 요소가 서로
복잡하게 연결된 시스템이기 때문에, 한 가지 이유로 간단하게 설명
하기는 어렵다.

　기후변화는 기후 시스템을 이루는 암석권, 대기권, 수권, 빙권, 생
물권 사이에서 일어나는 자연적 요인과, 온실기체 증가, 산업화와 도
시화, 산림 파괴와 같은 인위적 요인이 서로 영향을 주고받으면서 나
타난다.

　세계기상기구(WMO)는 기후변화를 세 가지 유형으로 구분했다.

오랜 기간에 걸쳐 기온이 점차 오르거나 내리는 변화를 '장기 경향 (trend)'이라고 하며, 지구 온난화가 대표적인 예이다. 과거의 평균적인 기후 상태와는 다른 새로운 평균 상태가 지속될 경우 이를 '불연속 변화(discontinuity)'라고 한다. 마지막으로 장기 경향이나 불연속 변화에 해당하지 않으면서, 엘니뇨와 라니냐처럼 규칙적 또는 불규칙하게 반복되는 현상은 '변동성(variation)'으로 분류한다.

엘니뇨와 라니냐

엘니뇨(El Niño)는 스페인어로 '남자아이'라는 뜻으로, 적도 부근 동태평양에서 해수면 온도가 평년보다 0.5℃ 이상 높은 상태가 5~6개월 이상 지속되는 현상이다. 크리스마스 무렵 자주 나타나 '아기 예수'라는 의미도 있다. 엘니뇨는 남동 무역풍이 약해지면서 찬 바닷물이 솟아오르는 용승 현상이 약해져 발생한다.

엘니뇨가 나타나면 페루와 에콰도르 등 중남미 지역에는 폭우와 홍수가, 호주와 동남아시아 등 서태평양 지역에는 가뭄이 발생하는 등 전 세계에 기상이변이 나타난다. 엘니뇨는 보통 3~4년 간격으로 발생하지만, 주기는 일정하지 않다.

라니냐(La Niña)는 '여자아이'라는 뜻으로, 같은 지역에서 해수면 온도가 평년보다 0.5℃ 이상 낮은 상태가 5~6개월 이상 지속되는 현상이다. 라니냐가 발생하면 동태평양과 북아메리카 지역에는 가뭄이나 한파가, 서태평양 지역에는 폭우가 나타난다. 엘니뇨와 라니냐는 서로 반대되는 현상이지만, 서로 연관되어 번갈아 나타난다.

기후변화를 일으키는 자연적 요인에는 태양 활동의 변화, 지구 공전 궤도의 변화, 자전축의 변화, 화산 활동, 해양 환경의 변동, 눈과 얼음의 분포 변화, 편서풍과 같은 대기 파동, 그리고 구름의 양이나 광학적 성질의 변화 등 다양한 요소가 있다.

이 가운데 지구에 빛과 열에너지를 공급하는 태양의 활동은 장기적으로뿐만 아니라 단기적으로도 기후변화에 가장 큰 영향을 미치는 요인이다. 태양의 흑점 수가 늘거나 줄면 복사 에너지의 양이 달라져 기후와 날씨에도 변화가 나타난다. 흑점은 약 11년 주기로 증가와 감소를 반복하는데, 태양 활동이 활발해 흑점 수가 많은 시기에는 지구의 평균기온이 높아지는 경향이 있다. 반대로 흑점 수가 적어 태양 활동이 약했던 시기에는 평균기온이 낮아졌는데, 대표적인 예가 마운더 극소기이다.

또한 지구의 움직임 변화도 기후변화의 중요한 원인 중 하나이다. 지구의 공전 궤도가 약 10만 년 주기로 원형에서 타원형으로 바뀌는 이심률(eccentricity) 변화, 약 4만 1천 년 주기로 변하는 자전축의 기울기(약 21.5~24.5°), 그리고 약 2만 6천 년 주기의 세차운동으로 인해 지구가 받는 태양 복사 에너지가 달라진다. 이러한 변화가 반복되면서 약 10만 년을 주기로 빙하기와 간빙기가 번갈아 나타나는 밀란코비치 주기가 형성되었다.

화산이 분출할 때 발생하는 화산재와 먼지는 지표 가까운 대류권을 넘어, 지상 약 11~50km 높이의 성층권까지 올라간다. 이 물질들은 짧게는 수개월, 길게는 수년 동안 성층권에 머물면서 햇빛을 흡수하거나 반사해 태양 에너지가 지표에 도달하는 것을 막는다. 그 결과 지구의 기온은 낮아지게 된다.

실제로 1812년 카리브해 연안의 세인트빈센트에 있는 수프리에르 화산, 1814년 필리핀의 마욘 화산, 1815년 인도네시아의 탐보라 화산이 잇따라 폭발하면서 전 지구적인 기온 하강이 나타났다. 이로 인해 1816년은 '여름이 없었던 해(Year Without a Summer)' 또는 농사에 실패해 가난해졌다는 의미에서 '가난한 해(Poverty Year)'라고 불리게 되었다. 또한 1991년 필리핀의 피나투보 화산 폭발 이후에는 약 2년 동안 지구 평균기온이 1℃ 이상 낮아지기도 했다.

이와 함께 해양 순환의 변화도 대기 중의 열과 수분 이동에 영향을 주어, 장기적·단기적으로 기후변화에 영향을 미친다. 남아메리카 적도 부근 태평양 해수의 온도가 높아지는 엘니뇨, 해수면 온도가 평년보다 낮은 상태가 일정 기간 지속되는 라니냐 역시 해수 온도의 변화로 인해 발생하는 현상이다.

한편 기후변화를 더욱 심화시키는 인위적 요인으로는 산림 파괴, 토지 이용의 변화, 온실기체 증가 등을 들 수 있다. 인류는 오랫동안 불을 사용하고, 가축을 사육하며, 작물을 재배하는 농경 활동을 통해 자연환경을 변화시켜 왔다. 특히 산업혁명 이후 석탄과 같은 화석연료 사용이 급격히 증가했고, 개발 활동이 확대되면서 넓은 지역의 산림이 파괴되었다.

도시화와 산업화에 따른 도로 건설, 농경지 확장, 벌목 등은 지표면의 반사도(albedo)를 변화시키고, 동시에 이산화탄소를 흡수하는 숲을 감소시켜, 결과적으로 기후변화가 더욱 가속화되었다.

산업혁명 이전 대기 중 이산화탄소 농도는 약 280ppm이었으나, 인간의 활동으로 꾸준히 증가해 현재는 430ppm을 넘어섰다. 이는 산업화 이후 약 50% 증가한 수치다. 산업혁명 이후 인류가 배출한 이산화탄소의 누적량은 약 2조 5,000억~2조 6,000억 톤에 이르며, 이러한 누적 배출량이 지구온난화의 정도를 좌우한다. 또한 이산화탄소뿐 아니라 메탄, 아산화질소, 염화불화탄소 등도 강한 온실효과를 일으켜 지구온난화를 더욱 심화시킨다.

이처럼 기후변화를 일으키는 원인은 매우 다양하며, 인간이 살아가는 환경과 활동 자체가 기후변화의 원인이 되고 있다고 볼 수 있다. 그렇다고 해서 기후변화가 일어나지 않도록 인간의 생활과 활동을 완전히 제한하거나 중단하는 것은 현실적으로 어렵다.

따라서 사회의 발전을 이루면서도 기후에 과도한 부담을 주지 않도록, 정치와 경제, 문화, 생활 방식 전반을 바꾸고 이에 적응할 수 있는 사회 시스템을 마련하는 것이 무엇보다 중요하다.

지구의 기후변화 역사

지구의 기후는 과거부터 지금까지 끊임없이 변화해 왔으며, 앞으로도 계속 변할 것이다. 지난 역사가 이를 증명하고 있고, 현재도 그 변화는 진행 중이다. 지난 46억 년 동안 일어난 기후변화의 대부분은 자연적인 요인에 의해 발생했다. 인위적인 기후변화가 본격적으로 나타나기 시작한 것은 18세기 중반 산업혁명 이후로, 그 역사는 불과 300년이 채 되지 않는다. 그러나 오늘날 나타나는 이상 기상과 기후변화는 사람의 활동이 주된 원인이며, 그 변화 속도도 점점 빨라지고 있다.

영국의 지질학자 라이엘(C. Lyell)은 "현재는 과거에 대한 열쇠"라고 말했다. 이는 과거의 기후를 알아야 현재를 이해하고 미래를 예측할 수 있다는 의미이다.

지질 시대를 살펴보면, 고생대 초기와 중기, 그리고 중생대 대부분과 신생대 초기에는 지구의 평균기온이 오늘날보다 약 8~15℃ 높았다. 반면 고생대 중기와 후기, 그리고 신생대 후기에는 현재보다 더 추운 시기가 나타났다. 지구 기후가 새로운 방향으로 변화하기 시작한 것은 약 6,500만 년 전 신생대에 들어서면서부터이다. 이 시기 이후 지구는 점차 냉각되었고, 인류가 등장한 이후에는 빙하기와 간빙기가 반복적으로 나타났다.

현생 인류의 조상이 활동하던 약 200만~700만 년 전에는 20여 차례의 빙하기와 간빙기가 번갈아 나타났다. 또한 300만~500만 년 전에는 대기 중 이산화탄소 농도가 약 400ppm으로 높아, 당시 해수면은 지금보다 10~20m 높았을 것으로 추정된다. 남극의 빙하 자료에 따르면, 지난 40만 년 동안 지구는 약 10만 년을 주기로 빙하기와 간빙기가 반복되었다. 이러한 기온 변화는 지구 공전 궤도의 변화^(밀란코비치 주기), 태양 에너지의 변동, 화산 활동, 해양 순환 변화 등이 복합적으로 작용한 결과이다. 그러나 산업혁명 이후의 기후변화는 대기 중 이산화탄소 농도의 급격한 증가와 밀접한 관련이 있다.

특히 약 11만 년 전부터 약 2만 년 전까지 이어진 최후 빙기는 지질 시대 가운데 가장 추웠던 시기 중 하나였다. 이 시기에는 지역에 따라 기온이 현재보다 약 5~12℃ 낮았고, 해수면은 최대 140m까지 낮아지기도 했다. 최후 빙기가 끝난 뒤, 오늘날과 비슷한 기후가 나타나기 시작한 시기는 약 1만 2,000년 전부터 시작된 홀로세이다. 홀로세에 들어서면서 인류는 구석기 시대를 지나 농경과 목축을 시작한 신석기 문화로 발전했고, 이후 청동기·철기 시대를 거쳐 현재에 이르렀다.

지난 1,000년 동안의 기온은 전반적으로 현재보다 약간 낮았지만, 서기 900~1300년경은 '중세 온난기' 또는 '제2의 기후 최적기'로 불릴 만큼 비교적 따뜻했다. 이 시기에는 유럽의 바이킹이 아이슬란드와 그린란드까지 진출했으며, 농업 생산이 증가해 기근이 줄어들었다. 영국과 노르웨이에서도 남부 유럽에서 재배하던 포도를 재배할 수 있을 정도로 기후가 온난했다.

그러나 13세기 중반 이후 지구는 다시 추워지기 시작했다. 이 시기의 평균기온은 1900년대보다 약 1℃ 낮았으며, 19세기 말까지 이어진 이 한랭한 시기를 '근세 소빙기(Little Ice Age)'라고 한다. 유럽에서는 겨울이 춥고 길어졌고, 여름은 습하고 짧아졌다. 영국에서는 포도 재배가 어려워졌고, 네덜란드의 운하는 얼어붙었으며, 알프스의 산악 빙하는 산 아래쪽까지 확대되었다. 결국 바이킹들은 그린란드를 떠나 다시 유럽으로 돌아갔다.

한반도에서도 조선 시대에 농사가 잘되지 않아 굶주림과 질병이 확산되었고, 인구가 크게 줄었다. 사회적 혼란이 심해지면서 민란이 발생하는 등 사회·경제적으로 큰 격변기를 겪었다. 이러한 한랭한 기후는 19세기 말까지 계속되었다.

산업혁명 이후 기후변화

18세기에 들어서면서 세계는 산업혁명이라는 큰 변화를 경험하게 되었다. 이 과정에서 화석연료 사용이 급격히 늘어나 온실기체 배출이 증가했고, 그로 인한 온실효과로 지구의 기온이 상승하기 시작했다. 특히 대기 중 이산화탄소 농도는 가파르게 증가했다. 여기에 더해 이산화탄소를 흡수하며 지구의 기후를 조절하는 역할을 하는 열대우림과 같은 삼림이 파괴되면서, 지구온난화 현상은 더욱 뚜렷해졌다. 1880년 이후 전 지구 평균 표면 온도는 지속적으로 상승했으며, 인류가 기온을 측정하기 시작한 이래 약 1℃ 이상 높아졌다. 초기에는 10년당 약 0.07~0.08℃ 정도 상승했지만, 1980년대 이후에는 상승 속도가 10년당 0.18℃ 이상으로 두 배 이상 빨라졌다.^(그림 5)

　19세기 말부터 20세기 초반까지의 기후는 전반적으로 한랭한 편이었다. 특히 1960년대에는 '60년대 기후'라는 말이 생길 정도로 추

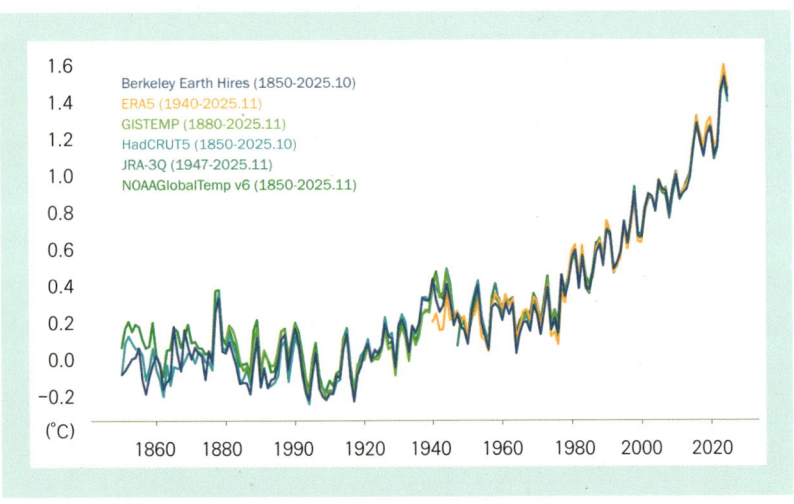

〈그림 5〉 1850~2025년 평균기온 대비 지구 기온 변화

운 시기였다. 그러나 1980년대 이후 다시 기온이 빠르게 상승하기 시작했다. 1880년 이후 지구의 평균기온은 약 1.1℃ 상승했으며, 이 가운데 온난화는 1975년 이후에 집중되어 10년당 약 0.15~0.20℃ 씩 빠르게 진행되고 있다.

미국 항공우주국(NASA)에 따르면, 최근 나타나는 기온 상승과 폭염 현상은 지난 1,000년 동안 경험하지 못했던 수준이다. 현재 지구의 평균기온은 산업화 이전보다 약 1.42℃ 높아져, 국제사회가 목표로 삼고 있는 1.5℃ 상승 제한 기준을 넘나들고 있다. 특히 우리나라의 평균기온 상승 속도는 전 세계 평균의 약 두 배에 달해 매우 심각한 상황이다.

우리는 18세기 후반 산업혁명 이후 시작된 '현대 온난기'에 살고 있다. 지구온난화가 빠른 속도로 진행되면서 해수면은 상승하고 빙하는 줄어들고 있으며, 이로 인해 지구의 미래를 걱정하는 목소리도 커지고 있다. 유엔(UN)은 현재와 같은 속도로 지구온난화가 계속될 경우, 2100년에는 평균 해수면이 지금보다 최대 63cm까지 상승할 수 있다고 전망했다.

문제는 전 세계 인구의 약 40%가 해안에서 100km 이내에 살고 있으며, 약 1억 명에 이르는 사람들이 해발고도 1m보다 낮은 지역에 거주하고 있다는 점이다. 이처럼 기후변화는 사람들이 살아가는 환경을 바꾸고, 심각한 경우 인간의 생명까지 위협할 수 있다. 실제로

바다 밑으로 잠기는 나라 투발루

남태평양의 섬나라 투발루(Tuvalu)는 1978년 영연방(British Commonwealth)의 회원국으로 독립한 국가로, 9개의 산호섬으로 이루어져 있다. 투발루의 국토 면적은 26km^{2}로 바티칸, 모나코, 나우루에 이어 세계에서 네 번째로 작은 나라이며, 인구는 약 1만 1,500명이다.

투발루에서 가장 높은 지점의 높이는 해수면에서 약 4.5m에 불과하고, 국토 대부분은 해수면보다 약 1m 정도 높은 저지대이다. 이 때문에 해수면 상승이 계속되면서 나라 전체가 바다에 잠길 위기에 놓여 있다. 실제로 2001년에는 국토를 포기해야 할 상황까지 이르렀다.

호주 정부로부터 이주 허가를 받지 못한 약 1만 1천 명의 투발루 국민들은, 뉴질랜드의 허가를 받아 2002년부터 단계적으로 이주를 시작했다. 또한 투발루 정부는 지구온난화의 책임을 묻기 위해 석유회사와 자동차 제조업체들을 국제사법재판소(ICJ)에 제소하는 방안을 검토하기도 했다.

당시 투발루의 수상이었던 소포앙가(S. Sopoanga)는 지구온난화로 인한 해수면 상승의 위기 속에서 투발루를 구하기 위한 국제사회의 적극적인 대응을 호소했다. 남서부 태평양 지역의 해수면은 매년 약 1~2mm씩 상승하고 있으며, 이로 인해 농작물 피해도 발생하고 있다. 전문가들은 앞으로 50~100년 이내에 투발루의 9개 섬 대부분이 사람이 살 수 없게 되거나, 최악의 경우 완전히 바다 밑으로 사라질 가능성도 있다고 보고 있다.

태평양의 작은 섬나라 투발루, 인도양의 몰디브와 같은 국가들은 점점 바닷물에 잠기고 있다.

현재 지구의 평균기온은 19세기 말 산업혁명 시기보다 1℃ 이상 높아진 상태이다. 과학자들은 지구의 평균기온이 2℃ 이상 상승할 경우, 시베리아와 북아메리카의 영구동토층이 녹고, 남극과 그린란드의 빙하가 빠르게 붕괴되면서 기후변화를 예측하거나 통제하기 어려운 단계에 이를 것으로 보고 있다. 이는 글래드웰(M. Gladwell)의 저서 《티핑 포인트(The Tipping Point)》에서 말한 '임계점(전환점)', 즉 작은 변화가 거대한 결과로 이어지는 극적인 순간과 같다.

미국 예일대학교의 경제학 교수 노드하우스(W. Nordhaus)도 그의 책 《기후카지노(Climate Casino)》에서 이러한 극적 순간에 주목해야 한다고 강조했다. 기온이 임계점을 넘는 순간, 아주 작은 차이만으로도 자연계 전체가 큰 위기에 빠질 수 있다는 것이다.

지구온난화는 지난 35년 동안 매우 빠른 속도로 진행되고 있다. 특히 21세기에 들어서면서 기온이 급격히 오르고 있어 많은 사람들이 걱정하고 있다. 지금처럼 온실기체가 계속 배출된다면, 2100년에는 지구의 평균기온이 지금보다 약 3.7℃ 높아지고, 해수면도 최대 63cm까지 상승할 수 있다고 한다. 이로 인해 폭염이나 한파 같은 이상기온은 이제 일시적인 현상이 아니라 '새로운 일상(New Normal)'이 되고 있다.

미국 항공우주국(NASA)은 지구 기온 상승의 약 80~90%가 인간의 활동 때문이라고 보고 있다. 석탄과 석유 같은 화석연료를 많이 사용하고, 숲을 파괴하면서 대기 중 온실기체가 늘어나 온실효과가 강해졌기 때문이다. 나머지 약 10%는 엘니뇨처럼 자연적인 원인이지만, 이 역시 인간의 영향과 완전히 무관하지는 않다.

기후는 지구가 탄생한 이후 계속 변해 왔다. 인류는 이런 변화에 적응하며 문명을 발전시켜 왔고, 혹독한 기후에 적응하지 못한 집단은 역사 속에서 사라지기도 했다. 지금의 인류는 마지막 빙하기를 잘 극복해 오늘날의 문명을 이룰 수 있었다.

하지만 오늘날의 기후변화는 과거와 다르다. 주된 원인이 인간의 활동이며, 변화의 속도와 범위가 이전보다 훨씬 빠르고 넓기 때문이다. 그래서 우리는 기후변화 문제를 더 심각하게 받아들여야 한다. 지금보다 적극적으로 기후변화에 적응하고, 온실기체를 줄이기 위한 노력이 그 어느 때보다 중요하다.

지구온난화는 이산화탄소 때문?

고대 빙하 코어 속에는 당시의 공기가 작은 공기 방울, 즉 기포 형태로 갇혀 있다. 이 기포를 분석하면 지난 80만 년 동안 대기 중 이산화탄소 농도가 어떻게 변해 왔는지 알 수 있다. 산업혁명 이전인 18세기 중반까지 지구 대기 중 이산화탄소 농도는 약 280ppm 수준이었고, 과거의 자연적인 변화 주기에서도 최고 농도는 300ppm을 넘지 않았다. 그러나 오늘날 이산화탄소 농도는 430ppm을 넘어섰다. 과학자들은 이러한 변화가 산업화 이후 인류가 화석연료를 많이 사용하면서 이산화탄소가 급격히 늘어난 결과라고 분석한다.

해수면 상승 역시 지구온난화를 보여 주는 분명한 증거다. 해수면은 1900년부터 1990년까지 연간 1.2~1.7mm 정도로 비교적 천천히 상승했다. 하지만 1993년 위성 관측이 시작된 이후 해수면 상승 속도는 두 배 이상 빨라져, 매년 3.3mm 이상 상승하고 있다. 특히 2024년에는 연간 약 5.9mm가 상승해 역대 최고치를 기록하기도 했다.

지구온난화 문제는 인류의 생존과도 깊이 관련되어 있어, 세계 여러 연구소에서 많은 연구자들이 계속해서 연구하고 있다. 1903년 노벨 화학상을 받은 스웨덴의 화학자 아레니우스(S. Arrhenius)는 1896년에 이산화탄소 농도와 지구의 평균기온이 서로 비례한다는 연구 결과를 발표했다.

이후 하와이에서 대기 중 이산화탄소 농도를 장기간 관측해 만든 '킬링 곡선'은 기후변화의 주요 원인이 인류가 배출한 이산화탄소임을 보여 주는 결정적인 증거가 되었다. 하와이는 도시화와 산업화의 영향을 거의 받지 않는 지역임에도 불구하고, 해발 약 3,396m에 위치한 마우나 로아 관측소에서 측정한 이산화탄소 농도는 2013년에 400ppm을 넘었고, 2019년에는 415ppm을 기록했다. 이후에도 계속 증가해 2025년에는 430ppm을 넘어섰다.

지구온난화를 처음으로 공식적인 문제로 제기한 것은 1972년에 발간된 〈로마클럽 보고서〉였다. 이후 1985년, 세계기상기구(WMO)와 유엔환경계획(UNEP)은 이산화탄소가 지구온난화의 주된 원인이라고 공식적으로 선언했다. 1988년에는 미국 항공우주국(NASA)이 미

킬링 곡선

1958년, 미국의 스크립스 해양연구소 소속 킬링(C. Keeling) 박사는 하와이 빅 아일랜드에 있는 마우나 로아 관측소에서 대기 중 이산화탄소 농도를 측정하기 시작했다. 이 관측을 통해 이산화탄소 농도가 계절에 따라 오르내리기는 하지만, 전체적으로는 해마다 계속 증가하고 있다는 사실이 밝혀졌다. 이러한 변화를 그래프로 나타낸 것이 바로 '킬링 곡선(Keeling Curve)'이다.

1958년부터 이어진 관측 결과, 대기 중 이산화탄소 농도는 2013년에 400ppm을 넘어섰다. IPCC는 지구의 평균기온이 산업혁명 이전보다 2℃ 이상 상승하지 않으려면, 이산화탄소 농도가 400ppm을 넘지 않아야 한다고 경고했다. 이는 지구 온도가 2℃ 이상 상승할 위험이 커졌다는 뜻으로, 인류에게 빨간 경고등이 켜졌음을 의미한다.

국 의회에서 지구온난화 문제를 언급하면서, 이 문제가 일반 대중에게도 널리 알려지기 시작했다.

기후변화에 관한 정부 간 협의체(IPCC)는 19세기 후반 이후 지구의 연평균기온이 약 1℃ 상승했으며, 산업혁명 이후 도시화·산업화·산림 벌채로 인해 온실기체가 급격히 증가하면서 지구온난화가 진행되었다는 과학적 근거를 제시하며 인류의 책임을 강조했다.

영국 기상청 해들리 센터(Met Office Hadley Centre)의 미래 기온 예측 시나리오에 따르면, 에어로졸이 기온 상승을 일부 줄이는 효과가 있음에도 불구하고, 이산화탄소를 비롯한 온실기체가 계속 증가하면서 지구의 기온은 상승하는 추세를 보였다. 만약 온실기체 배출을 줄이지 않는다면 2100년까지 지구 평균기온은 약 4.5~5.5℃ 상승할 것으로 예상되며, 배출량을 효과적으로 줄일 경우에는 기온 상승 폭을 약 2~3℃ 수준으로 억제할 수 있다고 전망했다. 인구는 계속 증가하는 반면, 특별한 조치 없이 온실기체를 배출할 경우 온실효과는 더욱 커지고 기상 재해도 피하기 어려워질 것이다.

전 세계 약 120곳의 관측소에서 측정된 이산화탄소 농도 400ppm은 기후변화의 중요한 기준점으로 여겨져 왔다. 이는 산업화 이전보다 지구 평균기온이 2℃ 상승하는 한계선으로, 심리적인 마지막 경고선이기도 하다. 그런데 2013년, 지구에서 육지의 영향이 가장 적은 지역 중 하나인 하와이에서 측정한 평균 이산화탄소 농도가 사상

기후변화협약 역사

>>>>>>>>>>> 기후변화협약의 역사는 1992년 리우 지구정상회의에서 유엔기후변화협약(UNFCCC)이 채택되면서 시작되었다. 이 협약은 1994년에 발효된 최초의 국제 기후 조약으로, 기후변화를 막기 위해 대기 중 온실기체 농도를 안정화하는 것을 목표로 했다. 이후 1995년부터 매년 유엔기후변화협약 당사국총회(COP)를 열어 기후변화 대응 방안을 논의해 왔다.

1997년에는 선진국의 온실기체 감축 의무를 강조한 교토의정서(Kyoto Protocol)가 마련되었고, 2005년에 발효되었다. 이어 2015년 파리협정에서는 산업화 이전 대비 지구 평균기온 상승을 2℃보다 훨씬 낮게 유지하고, 가능하면 1.5℃ 이내로 제한하기로 195개국이 합의했다. 이 협정은 개발도상국을 포함한 모든 국가의 참여를 목표로 하여, 온실기체 감축을 위한 국제사회의 노력이 전 지구적으로 확대되는 계기가 되었다.

교토의정서와 파리협정의 차이는, 교토의정서는 선진국에만 온실기체 감축 의무를 부과한 반면, 파리협정은 모든 당사국이 자발적으로 감축 목표를 정하고 이를 이행하도록 했다는 점이다.

그러나 2017년 미국의 트럼프(D. Trump) 대통령은 파리협정 탈퇴를 선언했으며, 2025년 재취임 첫날 다시 파리협정에서 탈퇴해 국제사회의 비판을 받았다. 트럼프는 기후변화협정이 미국 경제에 불리하다는 이유로 바이든 정부의 친환경 정책을 폐기하고 '미국 우선주의' 기조를 강조했다. 이로 인해 미국은 이란, 리비아, 예멘과 함께 기후변화협약에 가입하지 않은 국가로 분류되었다.

처음으로 400ppm을 넘어섰다. 이는 기후변화의 임계치로 생각되던 마지막 저지선이 무너졌다는 뜻이다.

이러한 추세가 계속된다면 대기 중 이산화탄소 농도는 앞으로도 계속 증가할 가능성이 크다. 그에 따라 지구의 평균기온도 함께 상승하게 될 것이다. 그 결과 여름에는 기록적인 폭염이 나타나고, 폭우나 가뭄 같은 극단적인 기상이변도 더 자주 발생할 것으로 예상된다.

한편 지구온난화 연구의 대표적인 과학자로 알려진 한센 박사와 미국 항공우주국(NASA) 고다드 우주연구소(GISS)의 연구자들은, 기온 상승의 주된 원인이 이산화탄소만은 아니라고 주장한다. 이들은 메탄, 대류권 오존, 카본 블랙(검댕)처럼 대기 중에 비교적 짧은 시간 머무는 다른 온실기체들도 지구온난화에 큰 영향을 미친다고 보고 있다.

온실효과와 지구온난화

　오늘날의 지구온난화는 자연적인 원인보다, 인간의 활동으로 배출된 이산화탄소, 메탄, 아산화질소, 오존, 염화불화탄소와 같은 온실기체로 인해 지구의 기온이 상승하는 현상을 말한다. 온실기체는 태양으로부터 지구가 받은 복사에너지를 흡수한 뒤 다시 방출하는 기체로, 자연적으로도 생성되지만 산업화 이후 인위적으로 배출된 양이 급격하고 지속적으로 증가하면서 문제가 되고 있다.

　이러한 온실기체는 우주로 빠져나가야 할 열을 대기 중에 가두어, 지구의 온도를 높이는 온실효과를 일으키며, 그 결과 지구온난화(global warming)가 발생한다.(그림 6)

　온실효과와 반대되는 개념인 우산효과(umbrella effect)는 대기 중에 떠 있는 작은 크기의 미세 입자(에어로졸)가 태양의 일사를 가로막고, 그중 일부를 우주 공간으로 반사해 기온 상승을 억제하는 현상을 말한다. 이는 화산이 분화해 성층권에 에어로졸이 많이 퍼졌을 때 잘 나타난다. 만약 지구에 온실기체가 없어 온실효과가 전혀 없다면 지표의 평균기온은 영하 18℃까지 내려가겠지만, 온실기체 덕분에 현재 지구의 평균기온은 약 15℃로 유지되고 있다.

　문제는 온실기체의 양이 너무 빠르게 늘어나면서 지구온난화와 여러 기상이변을 일으키고 있다는 점이다. 온실기체가 지구온난화

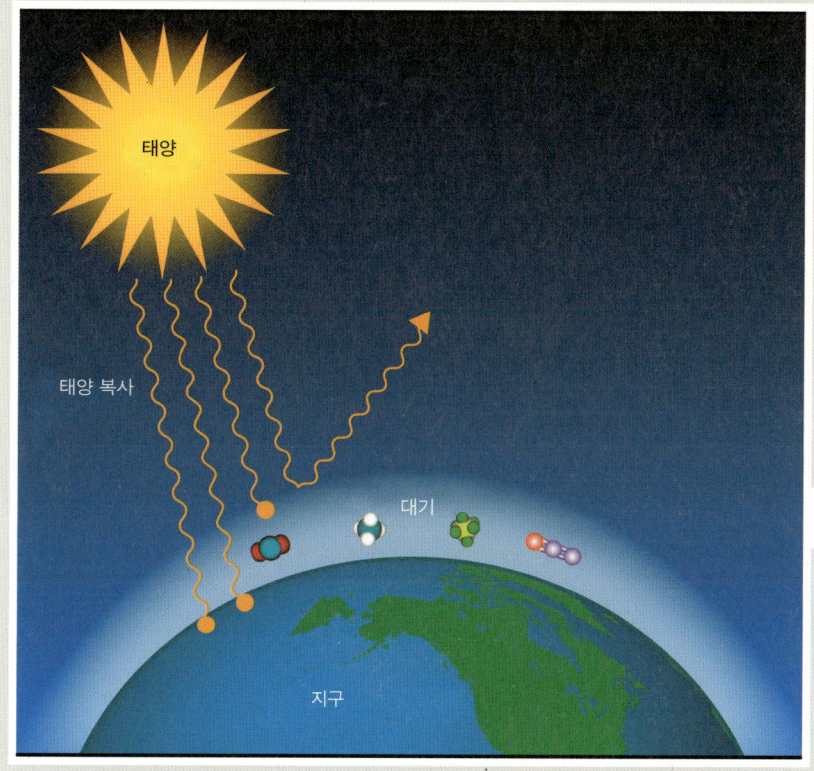

태양

태양 복사

대기

지구

〈그림 6〉 온실효과

에 미치는 영향을 이산화탄소를 기준으로 수치로 나타낸 것을 온난화 지수(GWP)라고 하며, 이 값이 클수록 기후에 미치는 영향도 크다.

이산화탄소의 온난화 지수를 1로 볼 때, 메탄은 약 27~30배, 아산화질소는 273배에 달한다. 또한 불소계 온실기체는 수백 배에서 많게는 23,500배까지 강한 영향을 미친다. 전체 온실기체 가운데 약 절반은 이산화탄소이며, 메탄과 아산화질소가 그 뒤를 이어 약 3분의 1을 차지한다. 특히 이산화탄소보다 대기 중에 머무는 기간이 짧은 온실기체들은 적은 양으로도 매우 강한 온난화 효과를 낸다.

지구의 기온은 오래전부터 자연스럽게 변해 왔지만, 오늘날의 지구온난화는 원인이 다르다. 도시화와 산업화로 화석연료 사용이 급격히 늘면서 온실기체 배출이 많아졌고, 동시에 숲이 파괴되어 온실기체를 흡수하던 자연의 기능은 약해졌다. 특히 18세기 중반 산업혁명 이후 인간의 활동이 크게 증가하면서, 대기 중 온실기체가 빠르게 늘어나 지구온난화 현상이 더욱 뚜렷해지고 있다.

트럼프는 왜 기후변화를 부정할까?

파리협정은 전 세계가 기후변화로 인한 재앙을 막기 위해 합의한 온실기체 자율 규제 협약으로, 2100년까지 지구 평균기온 상승을 산

트럼프 정부의 기후변화에 대한 입장

》》》》》》》 트럼프가 기후변화를 부정하는 발언을 해 온 데에는 정치적 · 경제적 이해관계와 개인적인 생각이 함께 작용했다. 그는 기후변화 대응 정책이 석유 · 가스 · 석탄과 같은 화석연료 산업의 일자리를 줄이고, 기업과 국민에게 경제적 부담을 줄 수 있다고 보았다. 이는 화석연료 산업 종사자가 많은 자신의 핵심 지지층을 고려한 선택이라는 평가를 받는다.

또한 트럼프는 파리협정이 미국에 불리하며 국가 주권을 침해한다고 주장했다. 이런 이유로 그는 기후변화의 원인이나 심각성을 축소하거나 부정하는 태도를 보여 왔다. 실제로 대통령 재임 시기 미국 에너지부(DOE)에서는 '기후변화', '에너지 전환', '지속 가능성'과 같은 표현을 공식 문서에서 사용하지 않도록 한 사례도 있었다.

트럼프는 환경 규제가 기업 경쟁력을 약화시키고 에너지 가격을 높여 미국 경제 성장을 막는다고 비판했다. 그는 기후변화 과학을 "사기극"이라고 표현했고, 풍력과 태양광 같은 재생에너지도 공개적으로 부정적인 시각으로 바라봤다.

아울러 그는 국제기구들이 미국의 주권을 제한한다고 보며 개혁이 필요하다고 주장했다. 그 과정에서 유엔기후변화협약(UNFCCC), 기후변화에 관한 정부 간 협의체(IPCC) 등 여러 국제기구에서 탈퇴하겠다는 입장을 밝히기도 했다.

업화 이전 대비 2℃ 이내로 제한하기 위해 온실기체 배출량을 줄이는 것을 목표로 한다. 국제사회는 기후변화에 적응하면서 기후 복원력을 유지하고, 동시에 온실기체 배출을 최소화하는 탄력적인 개발을 추구하고 있다.

그러나 2016년 트럼프 미국 대통령은 파리협정이 전 세계 최대 탄소 배출국인 중국과 인구가 가장 많은 인도에는 엄격하지 않으면서, 미국에는 불공평하고 국민에게 불이익을 준다는 이유로 탈퇴를 선언했다. 이후 2025년 재취임한 트럼프는, 바이든 정부가 복원했던 파리협정에서 다시 탈퇴하는 데 서명했다.

기후변화를 부정해 온 트럼프 미국 대통령이 재생에너지 산업을 비판하면서 관련 업계가 큰 어려움을 겪고 있다. 이로 인해 미국은 인공지능(AI) 발전으로 빠르게 늘어나는 전력 수요를 감당하는 데 어려움을 겪을 수 있다는 우려도 나오고 있다.

반면 세계는 다른 방향으로 나아가고 있다. 국제에너지기구(IEA)에 따르면, 2024년 전 세계 전력 생산 증가분의 약 80%는 재생에너지와 원자력 발전에서 나왔다. 이들 에너지원은 현재 전 세계 전체 전력 생산의 약 40%를 차지하고 있다.

또한 국제재생에너지기구(IRENA)의 분석에 따르면, 새로 추진된 재생에너지 사업의 90% 이상이 화석연료를 사용하는 발전보다 비용이 더 저렴했다. 특히 2024년 기준으로 태양광 발전은 가장 저렴한 화석연료 발전보다 약 41% 싸고, 육상 풍력 발전은 약 53% 더 저렴한 것으로 나타났다.

한편 전 세계 온실기체 배출량과 그 원인을 정량적으로 분석하는 국제 연구 조직인 글로벌 카본 프로젝트(Global Carbon Project)에 따르면, 미국은 1850년 이후 인위적으로 배출된 탄소의 약 24%를 차지했다. 또한 발표된 기후 과학 논문의 99% 이상이 인간의 활동이 지구온난화의 주된 원인이라는 데 동의하고 있다. 이처럼 과학계는 명확하고 일관된 근거를 바탕으로 트럼프를 비롯한 기후변화 부정 주장에 반박하고 있다.

인구 증가보다 무서운 소비 증가

인구가 증가하면 식량과 에너지, 자원, 토지 등이 필요해지고 화석연료 사용도 증가해 온실기체 배출량이 많아질 수 있다. 그러나 인구 증가 자체가 기후변화에 결정적인 피해를 준다고 보기는 어렵다는 조사 결과도 있다. 국제환경발전연구소(IIED)가 국가별 인구 증가율과 온실기체 배출 증가량을 비교한 결과, 인구 성장과 지구온난화 사이에는 직접적이고 뚜렷한 상관관계가 나타나지 않았다. 인구 수 자체보다 사람들의 소비 패턴과 높은 소비 수준이 온실기체 배출 증가에 더 큰 영향을 미친 것으로 분석되었다.

예를 들어 사하라 이남 아프리카 국가들은 세계 인구 증가의 약 18.5%를 차지했지만, 이산화탄소 배출 증가량은 약 2.5%에 불과했다. 반면 세계 인구 증가의 약 3.4%만을 차지한 미국은 이산화탄소 배출량이 12.6%나 증가했다.

개발도상국과 선진국을 비교한 결과에서도 같은 경향이 나타났다. 개발도상국은 세계 인구 증가의 약 52%를 차지했지만, 이산화탄소 배출 증가량에 대한 책임은 약 12%에 그쳤다. 반대로 선진국은 인구 증가 기여율이 약 7%에 불과했음에도, 이산화탄소 배출 증가량은 약 30%를 차지했다. 특히 신흥 공업국인 중국은 세계 인구 증가에서 차지하는 비율이 약 15%였지만, 전 세계 온실기체 증가량의 약 44.5%를 차지한 것으로 나타났다.

결과적으로 기후변화를 일으킨 주된 요인은 인구 증가 자체가 아니라, 사람들의 과도한 소비 수준과 소비 패턴이다. 예를 들어 영국 런던은 1941년 이후 인구가 꾸준히 감소했고 중공업도 거의 없었지만, 온실기체 배출량은 오히려 몇 배나 증가했다. 따라서 기후변화를 근본적으로 해결하기 위해서는 인구 증가 속도를 완화하는 노력과 함께, 개인들이 친환경적인 생활 방식을 실천하는 것이 중요하다.

기후변화 문제에는 구조적인 모순도 존재한다. 지구온난화에 거의 책임이 없는 개발도상국의 어린이와 노인, 여성과 같은 취약 계층이, 오히려 기후변화로 인한 피해를 더 크게 겪는 경우가 많다. 많은 개발도상국에서는 여전히 여성과 어린이가 먼 거리까지 물과 땔감을 구하러 다니며, 식사 준비와 난방을 위한 가사노동에 시달리고 있다.

이러한 문제를 해결하기 위해서는 개발도상국의 여성과 어린이들이 새로운 기술을 배우고 교육을 받을 수 있도록 지원해, 사회 활동에 참여하고 빈곤에서 벗어날 수 있는 기회를 넓혀 주는 것이 필요하다.

기후변화로 농사와 목축이 제대로 이루어지지 않으면 식량이 부족해지고 식품 가격이 상승하게 된다. 먹을거리가 줄어들면 가족의 식사를 책임지는 여성들이 먼저 굶는 경우가 많다. 특히 가난한 나라의 여성들은 남성보다 정규 교육을 받을 기회가 적어 직업을 갖기 어렵고, 소득도 낮아 경제적으로 자립하기 힘든 상황에 놓여 있다. 그 결과 교육 수준과 사회·경제적 지위가 낮은 여성들의 돌봄을 받는 자녀들에게까지 가난의 악순환이 이어지게 된다.

기후변화에 능동적으로 대응하면서 사회 발전을 이어 가기 위해서는 여성들이 독립적인 경제활동을 하고, 의사결정권을 가진 주체로 살아갈 수 있는 사회 시스템이 필요하다. 이를 위해 개발도상국에서는 여성이 정규 교육을 통해 경제적으로 자립할 수 있도록 돕고, 산아 제한 교육과 홍보, 피임 기구와 시술 보급 등을 통해 여성이 스스로 출산과 양육을 결정할 수 있도록 지원해야 한다.

한편 선진국들은 지금까지의 경제 발전 과정에서 막대한 자원과 에너지를 소비하며 자연자원을 고갈시키고 기후변화를 심화시킨 책임이 있음을 인식해야 한다. 동시에 개발도상국이 기후변화 문제를 해결할 수 있도록 자원과 기술, 정보를 함께 나누는 노력이 필요하다. 개발도상국 역시 기후변화를 단순히 외부에서 강요받는 문제

대한민국이 국제사회 모범

우리는 일제의 식민 통치와 한국전쟁의 폐허를 딛고, 황폐했던 산을 울창하게 가꾸었으며 식량 부족과 빈곤 문제를 극복한 경험을 가지고 있다. 또한 폭발적인 인구 증가를 안정적으로 관리했고, 짧은 기간 안에 산업 구조를 1차 산업 중심에서 2차·3차 산업으로 성공적으로 전환했다. 그 결과 우리는 경제 발전과 정치적 민주화, 그리고 문화적 영향력 확대라는 세계가 주목하는 성과를 이루어 냈다. 이러한 우리의 경험과 기술을 개발도상국과 나누는 것은 국제사회의 발전에 기여하고, 인류의 공동 번영을 돕는 길이다.

과거에는 외국으로부터 경제적·인도적 원조를 받던 나라였던 우리나라는 이제 국제사회의 기후변화와 환경 문제 해결을 돕는 역할을 하고 있다. 우리나라는 국내 초청 연수 교육과 해외 환경 개발 사업 등 공적개발원조(ODA) 프로그램을 활용해 다른 나라들을 지원하고 있다. 이제는 국경을 넘어 지구 환경을 지키고 인류 공동체가 서로 돕는 시스템을 만들어, 함께 살아가는 상생의 세계를 만드는 데 여러분이 앞장서야 할 때이다.

로 여기기보다, 인류 공동의 과제로 인식하고 국제사회와 협력해 자국의 여건과 기술 수준에 맞는 적정기술을 활용한 친환경적 경제 발전을 모색해야 한다.

최근 각국 정부와 국제기구, 단체, 연구 집단, 기업, 개인에 이르기까지 기후변화를 인류의 미래를 위협하는 중대한 도전으로 인식하고 적극적으로 대응하고 있다. 우리 역시 이러한 흐름에 발맞춰 기후변화의 속도를 늦추고, 변화하는 환경에 적응하며 책임 있게 대응해야 할 때이다.

3장

옷, 밥, 집 그리고 기후변화

캐시미어가 기후변화나 황사와 무슨 관계?

우리 옷장에 들어 있는 옷은 기후의 영향을 받기도 하지만, 반대로 옷을 생산하는 방식과 사용하는 원료가 기후변화에 영향을 주기도 한다. 과거에는 사계절이 뚜렷해 두꺼운 겨울옷과 얇은 여름옷, 그리고 봄과 가을에 입는 옷들이 옷장에 가득했다. 그러나 최근에는 봄과 가을의 길이가 짧아지면서, 춘추복을 입는 날이 점점 줄어들고 있다.

요즘의 의류 소비 패턴을 보면, 기획·디자인·생산·유통·판매 전 과정을 한 회사가 담당하는 SPA 의류 전문점이 대세가 되었다. 소비자들은 값싸고 유행이 빠른 SPA 브랜드의 '패스트 패션'을 구매해 몇 번 입은 뒤 버리는 경우가 많다. 하지만 이렇게 저렴하고 짧게 사용하는 옷을 계속 만들어 내기 위해서는, 새로운 원료와 에너지가 끊임없이 필요하다. 그 결과 패스트 패션은 환경에 부담을 주고 기후변화를 더욱 부추긴다.

또한 기후변화를 일으키지 않는 원료로 만든 옷이라고 해서, 무조건 '지속 가능한 패션'이라고 볼 수는 없다. 옷이 얼마나 환경친화적인지는 원단을 만드는 과정과 의류를 생산하는 과정에서 물과 에너지를 얼마나 사용하고, 폐기물을 얼마나 배출하는지를 함께 살펴봐야 한다.

영국의 '미래 포럼(Future Forum)'은 2025년을 목표로 한 '패션의 미래' 프로젝트를 통해 의류 산업의 여러 문제점을 지적했다. 패스트 패션은 새로운 원단을 만들기 위해 막대한 자원을 소비하며, 중국과 인도 등에서 생산되는 값싼 인공섬유는 제조 과정에서 많은 물과 화학물질을 사용해 수질 오염을 일으킨다. 또한 잠깐 입고 버려진 옷들은 오랜 시간이 지나도 분해되지 않는 쓰레기가 되어 환경 오염을 심화시키므로, 건전한 상품으로 보기 어렵다고 평가했다.

의류를 구매할 때 함께 제공되는 쇼핑백 역시 기후에 부담을 준다. 플라스틱 쇼핑백은 재활용이 어렵고 잘 썩지 않아 환경 문제의 원인으로 지적되면서, 최근에는 종이 쇼핑백 사용이 늘고 있다. 그러나 종이 쇼핑백을 만드는 데에는 플라스틱 쇼핑백보다 약 4배의 에너지와 20배에 가까운 물이 필요하다. 따라서 플라스틱이나 종이 쇼핑백 대신 에코백과 같은 천 가방을 사용하는 것이 바람직하다. 다만 천 가방도 약 130회 이상 사용해야 플라스틱 쇼핑백보다 이산화탄소 배출을 줄이고 친환경적인 효과를 낼 수 있다는 점을 기억해야 한다.

겨울이 끝나고 봄이 시작될 무렵마다 날아오는 황사와 미세먼지는 국가 경제와 국민 건강에 큰 부담이 된다. 3~4월이면 거의 매년 한반도를 찾아오는 '봄의 불청객' 황사는 중국 북부의 네이멍구, 타

캐시미어

고급 섬유인 캐시미어(cashmere)는 야생 산양인 베조아르 아이벡스(Capra aega-grus)의 후손인 염소(Capra hircus)의 앞가슴 부위에서 주로 채취하는 털로, 흔히 '섬유의 보석'이라고 불린다. 캐시미어는 혹독한 겨울 추위를 이기기 위해 염소의 거친 털 사이로 촘촘하게 자랐다가, 봄이 되면 자연스럽게 빠지는 털을 빗질해 얻는다. 이렇게 만든 옷감은 섬유 사이에 공기를 머금어 보온성이 매우 뛰어나다.

캐시미어의 굵기는 19마이크론(1μm은 100만 분의 1m) 이하로 매우 가늘고, 가볍고 부드럽다. 털을 하나하나 빗질해 채취해야 하기 때문에 많은 노동력이 필요하다. 현재 중국 네이멍구와 몽골 지역에서 생산되는 캐시미어가 전 세계 생산량의 90% 이상을 차지한다.

평균 수명이 약 7년인 이 염소는 세 살부터 털을 생산하며, 염소 한 마리에서 1년에 약 120g 정도의 캐시미어를 얻을 수 있다. 캐시미어는 보온성과 촉감이 뛰어나지만 생산량이 적어 가격이 매우 비싼 섬유다. 캐시미어 스웨터 한 벌을 만드는 데에는 염소 4~6마리의 털이 필요하고, 캐시미어 코트 한 벌에는 30~40마리 분량의 털이 들어가, 가격이 1,000만 원에 이르기도 한다.

클라마칸 사막, 황하 상류, 몽골 남부의 고비 사막 등에서 발생한 흙먼지가 강한 상승기류를 타고 3,000~5,000m 상공까지 올라간 뒤, 서쪽에서 불어오는 편서풍을 따라 초속 약 30m의 속도로 우리나라까지 이동하는 현상을 말한다. 그런데 이렇게 불쾌한 봄의 불청객 황사가, 우리가 입는 캐시미어와 같은 옷과도 관련이 있다는 사실을 아는 사람은 많지 않다.

선진국에서 캐시미어의 인기가 높아지면서, 몽골과 중국에서는 양 대신 염소를 기르는 방목이 급격히 늘어났다.(그림 7) 특히 세계 캐시미어 생산량의 약 40%를 차지하는 몽골에서는 최근 10년 사이 염소의 수가 두 배 이상 증가했다.

염소는 양이나 말, 소와 달리 먹을 것이 부족하면 풀뿐만 아니라 나무뿌리까지 뜯어 먹는 습성이 있어 식생을 쉽게 파괴한다. 이 때문에 염소의 과도한 방목으로 초지가 심하게 훼손되면 땅이 황폐해지고, 결국 사막으로 바뀌게 된다.

황사는 중국과 몽골의 사막과 초원 등 건조 지역 주변에서 발생하는 자연 현상이지만, 최근에는 목축과 농업, 광산 개발, 산불 등 무분별한 토지 이용으로 인한 인위적인 간섭과 식생 파괴가 사막화를 확산시키면서 피해가 더욱 커지고 있다. 건조 지역에서는 황사의 발생량이 증가하고 지속 기간도 길어지면서, 황사의 농도가 높아지고 공기 중에 떠 있는 시간이 늘어나 생활에 불편을 주고 건강까지 위협하

〈그림 7〉 몽골 알타이산맥의 염소 방목

고 있다. 몽골과 중국의 건조 지역에서 초본류와 관목류 등 식생이 사라지자, 지표의 모래와 먼지가 바람에 쉽게 날리면서 황사가 발생해 주변 국가에 피해를 주고 있다. 한반도에서 발생하는 황사의 절반 정도는 몽골에서 유입된 것으로 알려져 있다.

캐시미어를 생산하는 염소의 증가, 광산 개발, 초원을 훼손하며 달리는 차량, 경작 후 방치된 농지에서 발생하는 먼지, 산불로 피해를 입은 숲 등이 겹치면서 황사 피해는 반복되고 있으며, 이는 동아시아 국가 간 갈등 요인으로도 작용하고 있다. 황사 피해를 줄이기 위해서는 사막과 건조지 주변의 식생을 안정적으로 관리하고 보전하는 것이 중요하다. 이를 위해 사막화를 부추기는 과도한 목축을 적절히 조절하고, 무분별한 광산 개발을 막으며, 산불을 예방하고 토지 이용을 체계적으로 관리해야 한다.

몽골에서 시작된 황사 피해가 커지자, 2000년대 초 민간단체와 기업을 중심으로 나무 심기 활동이 시작되었고, 이후 산림청이 지원한 한·몽 그린벨트 조림사업(2007~2016)을 통해 본격적인 조림 사업이 이루어졌다. 그 결과 조림 이후 숲의 면적은 이전보다 12% 증가했고, 모래땅의 면적은 18% 감소하는 성과를 거두었으며, 나무 심기 활동은 지금도 계속되고 있다. 산림청을 비롯한 한국 정부와 기업, 민간단체는 몽골과 중국, 중앙아시아의 우즈베키스탄 등 사막화 지역에서 조림 사업을 통해 건조지 생태계 복원에 나서고 있다.

그러나 사라진 초원과 숲에 나무를 심는 것만큼 중요한 것은, 자연 초지와 숲이 더 이상 황폐해지지 않도록 막는 근본적인 대책이다. 몽골과 중국의 유목민들에게 캐시미어는 '황금알을 낳는 거위'와 같은 소득원이기 때문에, 이를 줄이거나 대신할 안정적인 소득원이 마련되지 않는 한, 염소로 인한 식생 파괴와 황사 발생은 반복될 수밖에 없다. 캐시미어 생산에 의존하지 않으면 빈곤에 빠질 수 있는 유목민들을 위해, 새로운 소득원을 제공하고 유목 이외의 일자리를 늘리는 등 현실적인 생계 대책이 함께 마련되어야 한다.

고기가 지구를 아프게 한다고?

식량 위기는 인구 증가, 기후변화, 식생활의 서구화 등 여러 요인이 복합적으로 작용해 발생한다. 유엔 식량농업기구(FAO)에 따르면, 세계 인구는 매일 20만 명 이상 증가하고 있으며, 1년에 약 8천만~1억 명씩 늘고 있다. 이러한 추세가 계속된다면 2080년에는 전 세계 인구가 100억 명에 이를 것으로 예상된다. 특히 개발도상국을 중심으로 가뭄과 폭염, 홍수, 태풍 등 기상 여건이 악화되고 자연재해가 반복되면서, 식량 위기는 점차 더 심각해지고 있다.

한편 곡물 위주였던 식단이 서구화의 영향으로 육류 중심으로 바꿰면서, 식량 부족 문제는 더욱 현실적인 위협이 되었다. 육류 소비가 늘어나면 그만큼 많은 가축을 길러야 하는데, 가축 사육은 시멘트나 플라스틱 같은 공산품 생산에 맞먹을 정도로 환경에 큰 부담을 준다. 가축을 먹이기 위한 목초와 사료용 곡물을 재배하는 과정에서, 경작지와 물, 비료, 농약, 에너지 소비가 크게 늘어난다.

가축 사육 과정에서 배출되는 온실기체는 전 세계 배출량의 약 14.5~18%에 이른다. 특히 소·양·염소·낙타와 같은 되새김질을 하는 반추동물은 트림이나 배설 과정에서 이산화탄소보다 약 30배 강력한 온실기체인 메탄을 배출한다. 가축은 전 세계 메탄 배출량의 약 32~37%를 차지하며, 가축의 분뇨 처리와 사료 작물 재배를 위해 사용하는 비료로 인해 아산화질소의 약 65%가 발생한다. 또한 가축의 배설물은 대기를 오염시키고 병해충을 증가시키며, 수질과 토양을 오염시키는 원인이 되기도 한다.

육류와 유제품을 생산하기 위해서는 전 세계에서 소비되는 식수의 약 70%와 토지의 약 28%가 사용된다. 소고기 1kg을 생산하려면 사료용 곡물이 7~14kg, 많게는 16~25kg까지 필요하다. 고기 소비가 늘어날수록 사료 작물을 재배하기 위한 경작지를 넓히기 위해 숲이 사라지고, 그 과정에서 수질 오염과 온실기체 배출도 함께 증가한다. 햄버거 한 개를 만들기 위해서는 약 5~6m²의 숲이 사라지고, 30번 정도 샤워할 수 있는 양의 물이 필요하다.

영국 옥스퍼드대학교 연구진에 따르면, 매일 100g 이상의 육류를 먹는 식단은 비건 식단보다 온실기체 배출과 수질 오염, 토지 사용 등에서 환경에 미치는 영향이 약 75% 더 크다. 이는 채식 위주의 식단에서 육류 중심 식단으로 바꾸는 것만으로도 이산화탄소 배출량이 크게 늘어난다는 뜻이다.

인구 증가와 육류 중심 식생활로 곡물 수요가 늘어나면서, 2050년까지 식량 생산량을 지금보다 두 배 이상 늘려야 한다. 하지만 농업 기술이 발전하더라도 식량 생산이 인구와 육류 소비 증가 속도를 따라가기는 어렵다. 유엔 식량농업기구$^{(FAO)}$는 기후변화를 미래 세계 식량 안보의 가장 큰 위협으로 보며, 2030년까지 3,500만~1억 2,200만 명이 극빈층으로 전락하고 아프리카 사하라 이남 지역의 소규모 농민들이 큰 피해를 입을 것으로 전망했다.

한편 미국 노트르담대학교 연구진은 전 세계 180개국을 대상으로 기후변화에 대한 국가별 준비 수준을 분석했다. 그 결과 선진국인 뉴질랜드[1위], 노르웨이[2위], 영국[4위], 독일[5위] 등이 기후변화 대응이 잘 이루어진 상위권을 차지했으며, 우리나라는 15위를 기록했다. 반면 아프리카 국가들은 세이셸[75위], 남아프리카공화국[84위], 튀니지[86위], 보츠와나[94위]를 제외하면 대부분 100위 이하에 머물렀다. 특히 탄자니아[139위], 에티오피아[145위], 케냐[154위], 수단[177위] 등은 기후변화에 대한 대비가 매우 부족한 최하위권 국가들로 나타났다.[그림 8]

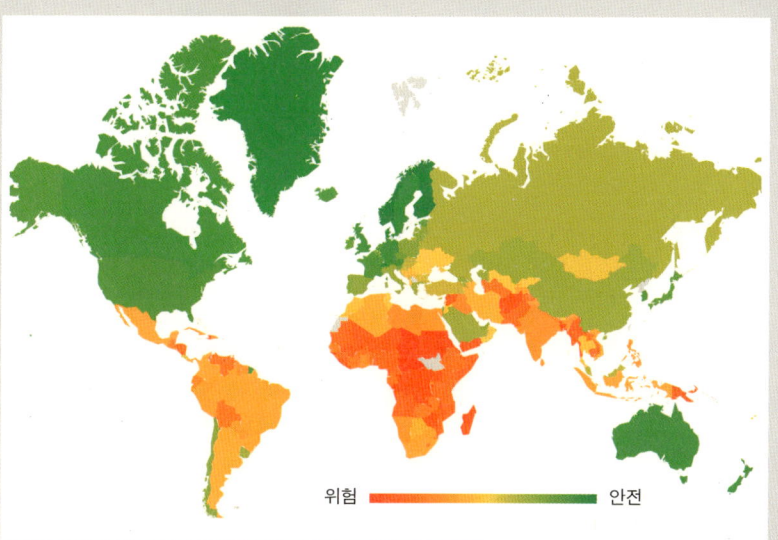

위험   안전

〈그림 8〉 각국의 기후변화 취약성 지도(2025)

기후변화가 발생하는 과정과 그 피해 대상을 살펴보면 심각한 모순이 드러난다. 산업화가 늦어 선진국보다 온실기체 배출량이 훨씬 적은 아프리카와 서남아시아의 가난한 나라들이 오히려 기후변화에 더 취약한 것이다. 특히 인구의 약 70%가 농민인 동아프리카 지역에서는 기후변화와 잘못된 토지 이용이 겹치면서 가뭄이 끊이지 않아 굶주림이 계속되고 있다. 에티오피아에서는 반세기 만에 가장 심한 가뭄이 발생해 농작물의 80% 이상이 말랐고, 짐바브웨와 소말리아, 수단, 케냐, 남아프리카공화국 등 동남부 아프리카 대부분의 국가들이 흉년에 시달리고 있다.

유엔아동기금(UNICEF)은 아프리카 동남부 지역에서만 약 5,100만 명이 엘니뇨로 인한 식량과 식수 부족에 시달리고 있다고 밝혔다. 아프리카는 농업 의존도가 높지만 관개 시설과 같은 사회간접자본이 부족해, 기후변화로 인한 피해가 더욱 크게 나타난다. 또한 아프리카와 아시아의 개발도상국에서는 인구는 빠르게 증가하지만 경작지는 크게 늘지 않았고, 기후변화로 농작물 생산까지 불안정해졌다. 여기에 생산된 곡물의 상당 부분이 가축 사료로 사용되면서, 식량 부족 문제는 더욱 심각해지고 있다. 이에 대해 유엔환경계획(UNEP)은 전세계 인구의 약 11%에 이르는 기아 문제를 해결하기 위해, 식량 생산을 늘리는 한편 육류와 유제품 소비를 줄여야 한다고 강조했다.

한편 유엔 식량농업기구(FAO)는 식용 곤충을 단백질과 지방, 미네

랄이 풍부한 영양가 높은 식품으로 평가하며, 식량 부족 문제를 해결할 수 있는 대안으로 제시했다. 사료 10kg을 소에게 먹이면 약 1kg의 소고기를 얻지만, 같은 양을 메뚜기에게 먹이면 약 9kg의 메뚜기 고기를 얻을 수 있다. 가축 대신 곤충을 기를 경우 물과 사료, 사육 공간이 훨씬 적게 들고, 온실기체 배출량도 약 90% 줄일 수 있으며 축산 폐수 같은 환경 문제도 거의 발생하지 않는다. 다만 곤충을 식품으로 사용하는 데 대한 거부감을 줄이고, 사람들이 쉽게 먹을 수 있는 가공법과 조리법을 개발하는 일은 앞으로 해결해야 할 과제이다.

최근 빠르게 확산되고 있는 인공육(artificial meat)은 넓은 의미에서 실제 고기를 모방하거나 대체하기 위해 만들어진 모든 고기를 말한다. 인공육에는 식물성 원료로 만든 대체육과, 동물의 줄기세포를 영양분이 담긴 배양액에서 키워 생산한 배양육(cell-based meat) 등이 포함된다. 이러한 인공육은 동물을 직접 사육하지 않고도 고기와 비슷한 맛과 영양, 식감을 구현할 수 있어, 동물복지와 환경문제 해결을 동시에 고려한 미래 식품으로 주목받고 있다.

인공육은 기존 축산업에 비해 토지 사용량을 약 99% 줄일 수 있고, 온실기체 배출량도 90% 이상 감소시키는 것으로 알려져 있다. 또한 가축 사육 과정에서 발생하는 수질 오염이나 악취 문제도 거의 없다는 점에서, 기후변화와 환경 부담을 줄일 수 있는 대안으로 평가되고 있다.

먹을거리, 환경과 기후변화는 서로 연결되어 있다

북극의 기온 상승이 메탄과 카본 블랙, 대류권 오존과 같이 대기 중에 짧은 기간 머무르는 온실기체 때문이라는 주장도 있다. 메탄을 가장 많이 배출하는 산업은 축산업이며, 메탄은 대류권 오존이 형성되는 데에도 영향을 준다. 메탄과 오존이 함께 지구온난화에 미치는 영향은 이산화탄소의 약 절반에 이를 정도로 크다. 유엔(UN)에 따르면, 축산을 위해 초지를 조성하고 사료용 곡물을 재배하려고 아마존 열대우림의 약 70%를 불태워 경작지로 만든 과정에서 발생한 메탄과 대류권 오존, 검댕(카본 블랙)은 지구온난화를 심화시키고 생물다양성을 감소시키는 주요 원인이 되고 있다. 이처럼 단기적으로 강한 영향을 미치는 온실기체를 줄이면, 비교적 빠른 시일 안에 지구 온도를 낮추는 효과를 기대할 수 있다.

우리가 즐겨 먹는 소와 돼지, 양, 닭과 같은 가축은 전 세계 곡물 생산량의 약 3분의 1을 소비한다. 특히 미국에서 생산되는 콩의 약 90%와 옥수수의 약 80%, 전체 곡물의 약 70%가 가축 사료로 사용되고 있다. 이는 4억 명이 넘는 사람을 먹여 살릴 수 있는 식량에 해당한다. 그럼에도 불구하고 지구상에서는 매년 4,000~6,000만 명의 어린이와 여성들이 굶주림과 관련된 질병으로 사망하고 있다. 만약 가축의 사료로 사용되는 곡물을 사람이 직접 먹는다면, 10억 명 이상의 인구를 먹여 살릴 수 있을 것이라는 분석도 있다. 또한 육류는 생산과 유통, 소비, 폐기 과정 전반에서 많은 온실기체를 배출한다. 특히 가정과 식당에서 소비되는 육류의 약 20%가 먹지 않고 버려지면서, 불필요한 온실기체 배출을 늘리는 심각한 환경 문제를 일으키고 있다.

고기가 생산자에게서 소비자를 거쳐 쓰레기로 버려질 때까지, 과연 얼마나 많은 온실기체가 배출될까?

〈육류 소비와 온실기체 배출량 보고서〉에 따르면, 고기를 생산해 소비하고 폐기하는 전 과정에서 발생하는 이산화탄소의 양은 식재료의 종류에 따라 큰 차이를 보인다.(그림 9) 이는 우리가 어떤 음식을 선택하고, 얼마나 남기지 않고 소비하느냐가 기후변화에 직접적인 영향을 미친다는 사실을 보여준다. 한편 개발도상국에서는 어린이와 여성들이 굶주림에 시달리고 있는 반면, 선진국에서는 곡물과 육류가 대량으로 쓰레기로 버려지는 악순환이 반복되고 있다. 이러한 불균형을 줄이기 위해서는 식량 소비 방식과 음식물 낭비 문제를 함께 개선하려는 노력이 필요하다.

〈그림 9〉에서 초록색은 생산 단계부터 식탁에 오를 때까지 배출되는 이산화탄소의 양을, 주황색은 소비 후 폐기 과정에서 배출되는 이산화탄소의 양을 나타낸다. 음식 재료별 이산화탄소 배출량을 보면 양고기, 소고기, 돼지고기, 양식 연어, 칠면조, 닭고기, 참치 순으로,

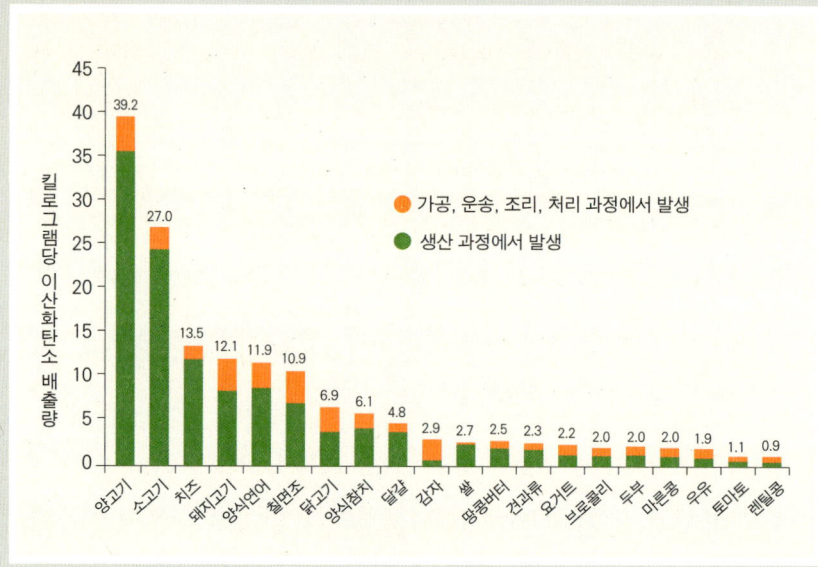

〈그림 9〉 단백질을 포함하는 식품의 이산화탄소 배출량

육류가 식물성 재료보다 훨씬 많은 온실기체를 배출했다. 반면 렌틸콩, 토마토, 콩, 브로콜리, 견과류, 쌀, 감자와 같은 작물은 유제품과 함께 이산화탄소 배출량이 비교적 적었다. 또한 육식을 주로 하는 사람은 곡류와 채소 위주의 식단을 유지하는 사람보다 심장병, 비만, 췌장암 등의 발병 확률이 훨씬 높다.

시사 주간지 《타임스》와 세계보건기구(WHO)는 마늘, 토마토, 시금치, 견과류, 적포도주, 녹차, 연어(또는 고등어), 블루베리, 브로콜리(또는 양배추), 귀리(또는 보리)를 각각 세계 10대 장수 식품으로 선정했다. 이들 식품은 대부분 육류보다 온실기체 배출량이 적은 작물이나 생선이다. 즉, 온실기체 배출이 적고 생산 과정에서 환경 부담이 작은 식재료일수록 건강에도 도움이 된다는 점이 밝혀진 것이다. 따라서 육류 섭취를 줄이는 것은 현명한 선택이라 할 수 있다. 우리가 육식을 줄여야 하는 이유는 환경과 건강 두 측면 모두에서 분명하다.

세계적인 환경 연구 기관인 월드워치 연구소(Worldwatch Institute)는 육류 생산이 전 세계 온실기체 배출량의 최소 51%를 차지한다고 발표했다. 기후변화를 경제적 관점에서 분석한 〈스턴 보고서〉로 잘 알려진 영국의 스턴(N. Stern)은 "육식은 물을 낭비하고 막대한 양의 온실기체를 배출해 지구 자원에 큰 부담을 준다"며, "기후변화를 막고 지구를 지키기 위해 식단을 채식 위주로 바꿀 필요가 있다"고 권고했다. 또한 유엔환경계획(UNEP)은 전 세계가 기아와 에너지 빈곤, 기후변화에서 벗어나기 위해서는 채식 중심의 식단으로 전환해야 한다고 강조한다. 식량은 다른 자원으로 대체할 수 없는 만큼, 지구 환경을 지키기 위해 육류 소비를 줄이는 식단으로 바꾸는 것은 지속 가능하고 바람직한 선택이다.

우리나라 고기 생산과 소비

한국인의 1인당 연간 고기 소비량은 1960년대 3.5kg에서 1980년 11.3kg, 2000년대 초 32kg으로 꾸준히 늘었고, 2022년에는 약 60kg에 가까워지며 쌀 소비량을 넘어섰다. 2024년 기준으로는 1인당 약 60kg 이상을 소비했으며, 돼지고기, 닭고기, 소고기 순으로 많이 먹는다. 소득 증가와 식생활 변화, 배달 문화 확산으로 육류 소비가 늘면서 가축 사육에 따른 기후변화와 환경오염 문제도 심각해졌다.

우리나라에서는 고기 소비 증가로 공장식 축산이 확대되면서, 가축의 사육 환경과 동물복지를 둘러싼 비판이 커지고 있다. 같은 면적에서 키우는 가축 수를 비교하면, 한국은 일본이나 미국, 호주보다 훨씬 많은 소와 돼지를 사육한다. 특히 알을 낳는 닭 한 마리의 최소 사육 공간은 A4 용지 한 장 정도로 매우 좁다. 이처럼 비좁고 비위생적인 환경에서 가축을 키우면 지방이 많은 고기가 만들어져 건강에도 좋지 않다. 또한 가축이 스트레스를 받으면 면역력이 약해져 질병에 쉽게 걸리며, 공장식 축산 환경에서는 고병원성 조류 인플루엔자, 구제역, 아프리카돼지열병, 브루셀라증, 소결핵과 같은 가축 질병이 빠르게 퍼져 큰 사회·경제적 피해로 이어질 수 있다.

식량뿐만 아니라 식사 후에 먹는 과일 역시 기후변화의 영향을 피하지 못하고 있다. 전국 사과 생산량의 약 60%를 차지하는 경북 지역의 사과 생산량은 최근 10년간 23.2% 감소해 37만 톤에서 28만 6천톤으로 줄었다. 반면 강원도의 사과 생산량은 2015년 4만 4,724톤에서 10년 만에 20만 2,699톤으로 약 5배 증가했다.

한편 국내 아열대 과일의 재배 면적은 2017년 109.5ha에서 2022년 188.8ha로 약 1.7배 늘어났다. 농촌진흥청의 기후 시나리오^(SSP5-8.5)에 따른 과수 재배지 변동 예측에 따르면, 사과 재배에 적합한 지역은 1981~2010년에는 전국 국토의 68.7%였으나 2070년대에는 약 1.1%로 거의 사라질 것으로 전망된다. 반대로 감귤 재배 적지는 같은 기간 1.2%에 불과했지만, 2070년대에는 제주도를 넘어 남해안과 동해안까지 확대되어 약 16.7%로 늘어날 것으로 예측된다.

커피와 초콜릿 그리고 기후변화

기후변화는 우리가 즐기는 기호식품의 원료가 되는 작물 재배에도 큰 영향을 미친다. 남아메리카가 원산지인 감자는 전 세계에서 가장 널리 재배되는 작물 가운데 하나이자 중요한 식량자원이다. 그러나 감자는 기후변화에 매우 민감해 기온이 오르면 감자에 구멍이 생기는 등 품질이 떨어지고 생산량도 감소한다.

땅콩 역시 재배 조건이 까다로운 작물로, 날씨가 건조해지면 줄기가 말라붙고 독성 곰팡이가 퍼질 위험이 커진다. 실제로 미국 남부 지역은 여름철 고온·건조한 날씨가 잦아지면서 땅콩 생산량이 줄고 가격이 오르기도 했다. 이처럼 지구온난화는 우리가 먹는 기호식품의 미래에도 변화를 가져올 수 있다.

예일 환경 360^(Yale E360)은 기온이 0.5℃만 상승해도 기호식품에 예상하지 못한 문제가 생길 수 있다고 경고했다. 전 세계에서 가장 많이 마시는 음료인 커피도 기후변화의 영향을 피하기 어렵다. 브라질, 니카라과, 엘살바도르, 멕시코 등 주요 커피 생산국들은 기후변화로 커피 생산량이 줄어들 위기에 놓여 있다. 브라질의 엘니뇨 현상과 인도·베트남의 잦은 폭우처럼 불규칙한 날씨가 이어지면서 커피 생산과 재고가 감소하고 있다. 여러 연구에 따르면 2050년쯤에는 지구온난화로 서늘한 기후를 필요로 하는 아라비카 커피 같은 고급 커피의 생산이 크게 줄어들 수 있다. 이로 인해 커피 재배지는 지금의 절반 수준으로 감소하고, 커피 생산 자체도 위축될 가능성이 제기되고 있다.

아프리카, 동남아시아, 남아메리카의 개발도상국에서는 라오스 볼라벤고원 지역의 커피 농장처럼 커피를 재배하기 위해 열대우림을 파괴하는 사례도 적지 않다.^(그림 10) 커피를 비롯해 코코아, 기름야

〈그림 10〉 라오스 볼라벤 고원지대의 커피 농장

커피나무

커피나무는 꼭두서니과 커피속(*Coffea*)에 속하는 열대 상록 관목으로, 주로 재배되는 품종은 아라비카(*arabica*), 로부스타(*robusta*), 리베리카(*liberica*) 세 가지다. 커피나무의 최적 생육 온도는 18~24℃이며, 최저 기온이 10℃ 이상 유지되어야 한다. 4℃ 이하로 내려가면 냉해를 입을 수 있다.

아라비카 품종은 전 세계 커피 생산량의 70% 이상을 차지한다. 맛이 부드럽고 향이 풍부하며 단맛, 신맛, 감칠맛이 뛰어나 로부스타보다 가격이 비싸다. 반면 카페인 함량은 1~1.7%로 상대적으로 낮다. 해발 800m 이상의 고지대에서 잘 자라며, 최적 기온은 18~22℃이다. 다만 병충해에 약한 편이다. 최근 수요가 늘면서 열대 고산 지대까지 커피 농장이 확대되어 생물다양성이 크게 훼손되고 있다.

로부스타는 쓴맛이 강하고 카페인 함량이 2~2.5%로 높으며, 향미는 아라비카에 비해 거친 편이다. 주로 인스턴트 커피나 블렌딩용, 가공식품 원료로 사용된다. 낮은 고도와 더운 기후에서도 잘 자라고, 병충해에 강하며 수확량이 많은 장점이 있다. 리베리카는 아시아 일부 지역에서만 재배되어 생산량이 매우 적고, 향이 독특하고 강하며 나무의 키가 매우 크게 자라는 특징이 있다.

최근 커피 생산량은 기후변화로 인한 가뭄, 한파, 서리 등 이상기상의 영향으로 브라질과 베트남 같은 주요 생산국에서 변동성이 커지며 전반적으로 감소 추세를 보이고 있다. 특히 아라비카 품종의 생산량 감소가 두드러진다. 연구에 따르면 2050년까지 기온이 2℃ 상승할 경우 중남미의 커피 생산량은 최대 88%까지 줄어들 수 있으며, 동남아시아에서도 재배에 적합한 지역이 약 70% 감소할 것으로 예상된다.

자나무, 고무나무, 각종 열대 과일 등 경제 작물의 재배 면적이 늘어나면서 열대우림이 빠르게 사라지고 있다. 그 결과 숲이 이산화탄소를 흡수하는 기능이 약해져 지구온난화의 속도는 더욱 빨라지고, 에너지와 물의 순환 균형이 깨지면서 기상이변이 일상화되고 있다. 또한 강한 비로 토양의 지력이 빠르게 약해져 작물의 생산성도 함께 떨어지는 문제가 나타나고 있다.

초콜릿은 세계 3대 초콜릿 회사인 허시(Hershey), 네슬레(Nestlé), 마스(Mars)가 전 세계 생산량의 35% 이상을 차지하고 있다. 초콜릿의 원료인 카카오는 전체 생산량의 절반가량이 서아프리카의 코트디부아르와 가나에서 생산된다. 그러나 초콜릿 회사들이 코코아를 생산하기 위해 서아프리카의 열대우림을 없애고 코코아나무만 심은 대규모 농장을 조성하면서, 지구의 허파라 불리는 열대우림을 파괴해 기후변화를 부추기고 생물다양성을 훼손한다는 비판을 받고 있다. 또한 2050년까지 기온이 현재보다 약 2.3℃ 상승할 경우 카카오 재배가 어려워져 초콜릿 가격이 급등할 것이라는 전망도 나오고 있다.

기름야자나무 열매에서 얻는 식물성 기름인 팜유(palm oil)는 빵, 과자, 시리얼, 라면, 초콜릿, 마가린 같은 가공식품은 물론 비누, 세제, 립스틱, 면도크림 등의 생활용품과 바이오연료의 원료로도 널리 쓰인다. 전 세계 팜유의 85%가 생산되는 인도네시아에서는 오랑우탄의 서식지인 열대우림을 불태워 대규모 기름야자나무 농장을 조성하면서 오랑우탄의 개체 수가 급격히 줄었다. 열대우림이 사라지면 생물다양성이 감소하고 이산화탄소 흡수 능력이 떨어져 기온 상승이 더욱 가속된다. 열대우림 파괴를 비판하는 목소리가 이어지고 있지만, 오늘도 개발도상국의 열대우림은 계속 불타고 있다.

지중해성 기후는 여름이 고온·건조하고 겨울은 온난·다습해 품질 좋은 와인을 생산하기에 알맞은 조건이다. 그러나 지구온난화가 지금처럼 계속된다면 2050년에는 현재 포도 재배지의 약 3분의 2가 포도 재배에 부적합한 기후로 바뀔 수 있다. 또한 기후변화로 꽃이 피는 시기가 앞당겨지면서 꿀벌이 꿀을 모을 수 있는 기간이 줄어들고, 곤충의 활동 시기와 식물의 개화 시기가 어긋나 열매를 맺지 못하는 등 생태계 혼란이 나타날 가능성도 커지고 있다.

2015년 12월 타결된 파리협정은 "지구 평균기온 상승을 2.0℃ 이내로 제한하고, 가능하다면 1.5℃ 이내로 억제하자"라는 목표를 담고 있다. 이는 기후변화의 심각성을 인식한 전 세계 195개국의 공동 의지를 보여준다. 기후변화가 자연생태계에 부담을 줄 뿐 아니라 인간의 식생활에 필수적인 작물 생산 체계까지 바꿀 수 있다는 사실에 국제사회가 한목소리를 내기 시작한 것이다.

이제 우리는 환경에 부담을 주고 건강에도 해로운 육류 위주의 식단을 유지할 것인지, 아니면 온실기체 발생량이 적고 친환경적이며 건강에 이로운 곡물·채소·과일 중심의 식단을 선택할 것인지 갈림길에 서 있다. 생산지에서 소비지까지의 이동 거리가 짧은 로컬 푸드 그리고 친환경 농산물을 선택하는 착한 소비는 기후변화를 예방하는 소비자가 되는 지름길이다.

집과 기후변화

10월 6일은 유엔(UN)이 정한 '세계 주거의 날'이다. 주거권을 기본적인 인권으로 인정하고, 취약계층의 주거환경 개선 필요성을 알리기 위해 제정된 날이다. 그러나 폭염에도 냉방시설이 없는 방, 폭우가 내리면 쉽게 침수되는 '반지하 주택' 등 기후위기로 인해 주거권과 취약계층의 삶의 터전은 오히려 더 나빠지고 있다. 기록적인 폭염이 이어졌던 2018년에는 전국에서 온열질환자가 4,500명을 넘었고 사망자도 48명에 달했다. 온열질환 환자의 약 80%는 논밭이나 건설현장 등 야외에서, 나머지 20%는 작업장이나 가정 등 실내에서 발생했다. 에어컨은 이제 생활필수품이 되었지만, 에어컨 사용 증가가 2100년까지 지구 평균기온을 최대 0.5℃까지 높일 수 있다는 전망도 나오고 있다.

서울을 중심으로 수도권에 지하 거주 가구의 96%가 집중되어 있으며, 폭우로 인한 지하 침수 사고 문제는 매우 심각하다. 2020~2024년 사이 지하 · 고시원 · 쪽방 등 열악한 주거 형태에 거주하는 가구는 4만 5천 가구 이상 증가해, 서울과 수도권의 주거환경 악화가 계속되고 있다.

기후변화로 인해 전 세계의 생활공간도 큰 위기를 겪고 있다. 방글라데시는 국토의 약 10%가 해수면보다 낮아 약 1천만 명이 이주해야 할 상황에 놓였고, 이웃 국가인 인도는 기후 난민 유입을 막기 위해 약 4,100km에 이르는 국경 철조망을 설치했다. 대만을 강타한 태풍 모라꼿은 6층짜리 호텔을 통째로 강물에 삼키는 참사를 일으켰다. 이처럼 기후변화는 사람들의 삶의 공간을 위태롭게 만들고 있다.

한편 선진국들은 안전하고 에너지 효율이 높은 주거 공간을 만들기 위해 새로운 시도를 하고 있다. 독일 프라이부르크의 '헬리오트롭(Heliotrop)' 주택은 집 전체가 태양을 따라 회전하며 태양광 발전으로 에너지를 생산한다. 독일 정부는 단열, 태양광 설치 등 에너지 효율을 높이는 건축물 리모델링 비용의 일부를 지원하는 정책도 시행하고 있다.

영국의 저탄소 주택 단지인 '베드제드(Beddington Zero Energy Development, BedZED)'는 화석연료를 사용하지 않고, 전기 사용량이 일정 기준을 넘으면 경보가 울리는 시스템을 갖추고 있다. 변기와 세면대 크기도 일반의 절반 수준으로 줄여 물 사용량을 최소화했다. 이곳의 주민

들은 에너지를 아끼기 위한 조금 불편한 삶을 기꺼이 받아들인다. 영
국은 또한 최저 에너지 성능 기준을 충족하지 못한 건축물은 임대나

네덜란드의 인공도시

네덜란드는 기후변화로 인한 해수면 상승과 홍수에 대비해 물에 뜨는 주택을 건축하고 있다. 국토의 상당 부분이 해수면보다 낮은 저지대 국가인 네덜란드는 그동안 간척 사업으로 국토를 넓혀 왔지만, 21세기에 들어 지구온난화로 인한 해수면 상승이라는 새로운 도전에 직면했다. 전 세계 평균 해수면은 지난 100여 년 동안 20cm 이상 상승했으며, 최근에는 상승 속도도 점점 빨라지고 있다. 이로 인해 네덜란드뿐만 아니라 몰디브, 나우루, 통가와 같은 섬나라들도 침수 위험이 크게 커지고 있다.

네덜란드 해양연구소(MARIN)의 과학자들은 해수면 상승 위기에 대응할 대안으로 지름 약 5.1km에 이르는 인공섬 건설을 구상하고 있다. 간척을 통해 더 이상 새로운 땅을 확보하기 어려운 상황에서, 인구 밀도가 높고 토지 수요가 큰 네덜란드에게 떠 있는 인공도시는 매력적인 해결책으로 주목받고 있다. 이 인공섬에는 항구와 공원, 주택은 물론 식량을 생산하는 해양 양식 모듈이 포함되며, 조력·풍력·태양광 등 친환경 에너지로 전력을 생산하는 시설도 갖출 계획이다.

물론 기술적 한계와 막대한 건설 비용, 안전성 문제 등 해결해야 할 과제는 적지 않다. 그럼에도 불구하고 이러한 시도는 기후변화 시대에 인간의 거주 공간을 지키기 위한 매우 흥미롭고 도전적인 대안으로 평가받고 있다.

매매가 불가능하도록 제도화해, 주거 공간의 친환경 전환을 적극적
으로 추진하고 있다.

　우리나라에서 사용하는 에너지의 약 22.5%는 건물에서 소비되
며, 이 가운데 주거용 건물이 약 60%를 차지한다. 특히 아파트 같은
공동주택보다 다가구주택이나 단독주택의 에너지 소비량이 더 많
다. 건축물에서 발생하는 온실기체를 줄이기 위해서는 에너지 사용
량을 줄이는 것이 무엇보다 중요하다.

　사람이 살고 일하는 공간은 에너지를 아끼기 위해 단열을 튼튼히
하고, 자연광을 최대한 활용해 지어져야 한다. 이런 생각을 바탕으로
만들어진 건축물이 바로 패시브 하우스(Passive House)이다.

　패시브 하우스는 단열과 기밀 성능이 뛰어나 적은 에너지로도 사
계절 내내 약 20℃의 쾌적한 실내 온도를 유지할 수 있다. 여름에는
바깥의 더운 공기가 들어오는 것을 막고, 겨울에는 실내의 따뜻한 열
이 밖으로 빠져나가지 않도록 설계되어 있다. 그 결과 냉·난방비를
약 80~90%까지 줄일 수 있다.

　이처럼 에너지 절약형 건축이 중요해지는 시대에, 많은 에너지를
사용하는 초고층 빌딩이 대도시에 계속 늘어나는 것이 과연 바람직
한지 한 번쯤 생각해 볼 필요가 있다.

건강을 위협하는 기후변화

기후변화는 태풍, 홍수, 가뭄과 같은 기상 재난을 증가시킬 뿐 아니라 인간의 질병과 사망률에도 영향을 미쳐 생명까지 위협한다. IPCC에 따르면 지구의 평균기온이 산업화 이전보다 약 2℃ 상승할 경우, 10~20억 명이 물 부족을 겪고, 1,000~3,000만 명이 기근에 시달리며, 3,000만 명 이상이 홍수 위험에 노출된다. 또한 여름철 폭염으로 수십만 명이 심장마비 등으로 사망할 수 있다고 경고했다.

기후변화로 인해 과거에는 약 100년 주기로 발생하던 이상고온 현상이 최근에는 약 10년 주기로 자주 나타나고 있다. 세계보건기구(WHO)는 2000~2019년 사이 폭염으로 인한 사망자가 연평균 약 48만 9천 명에 이르며, 2030년 이후에는 매년 25만 명의 추가 사망자가 발생할 수 있다고 전망했다. 우리나라에서도 2025년 온열질환자는 4,460명으로 2024년(3,704명)보다 20.4% 증가했으며, 사망자는 29명이 발생했다. 이는 온열질환자가 가장 많이 발생했던 2018년(4,526명) 이후 가장 높은 수치다.

기온이 오르면서 폭우와 가뭄이 번갈아 나타나는 불안정한 날씨가 계속되고 있다. 이런 변화로 새로운 전염병이 생겨 빠르게 퍼지고, 사망률도 높아지고 있다. 또한 비가 많이 오고 습도가 높아지면서 한동안 사라졌던 전염병이 다시 나타나기도 한다.

중국 북부의 건조한 지역에서는 강수량이 늘어나 식물이 무성해졌고, 그 결과 쥐와 같은 설치류가 늘었다. 이에 따라 설치류를 숙주로 삼는 벼룩과 진드기도 증가했다. 들과 집 주변을 오가는 설치류가 많아지면서 페스트균이 사람에게 전파되어, 2019년 중국 네이멍구 자치구와 2023년 몽골 접경 지역에서 흑사병 환자가 발생했다.

21세기 전염병

21세기에 들어 사스(SARS), 신종 플루(H1N1), 에볼라, 메르스(MERS), 지카 바이러스, 코로나바이러스감염증-19(COVID-19) 등 과거에는 익숙하지 않았던 전염병이 잇따라 발생하며 전 세계를 불안에 빠뜨렸다. 특히 2019년 말 중국에서 처음 보고된 COVID-19는 2025년 4월까지 전 세계에서 약 719만 명에 가까운 사망자를 낳았다. 기후변화와 함께 전염병이 국경을 넘어 확산되는 것을 막기 위해서는 국제사회의 긴밀한 협력이 꼭 필요하다.

과거에 비해 위생 환경이 좋아지고 백신이 개발되면서 일부 전염병은 줄어들었다. 그러나 기후변화와 관련된 말라리아, 세균성 이질, 쓰쓰가무시증(Scrub typhus)처럼 곤충이나 설치류가 옮기는 전염병은 오히려 늘어나고 있다. 연구에 따르면 기후변화로 인한 영양실조, 말라리아, 설사병, 열사병 등의 영향으로 2030년에는 전 세계에서 매년 약 25만 명의 추가 사망자가 발생할 수 있다고 한다. 특히 지구온난화로 콜레라, 말라리아, 뎅기열(Dengue fever), 지카바이러스 같은 열대성 질병이 더 흔해지고 있어, 우리나라도 더 이상 안전하다고 할 수 없다.

세계보건기구(WHO)는 엘니뇨가 발생하면 열대 지역에 서식하는 이집트숲모기와 같은 모기의 수가 늘어나 지카 바이러스 등 모기가 옮기는 전염병이 빠르게 확산될 수 있다고 경고하고 있다. 우리나라에서도 비가 잦아지고 기온이 높아지면서 모기의 활동 기간이 길어져 말라리아 환자가 증가하고 있다. 또한 작은소참진드기가 옮기는 중증열성혈소판감소증후군(SFTS)과 털진드기가 매개하는 쓰쓰가무시증 환자도 늘고 있다. 동남아시아 등 열대·아열대 지역을 여행하는 사람이 많아지면서, 국내에서도 치사율이 높은 뎅기열과 같은 낯선 감염병이 발생하고 있다. 여기에 더해 기후변화로 해안 도시에서 바다 안개와 대기오염이 증가하면서 알레르기 질환 환자가 늘고, 꽃가루가 오래 날려 꽃가루 알레르기로 고통받는 기간도 길어지고 있다.

최근 A형 간염 환자가 증가한 이유로는 여름이 길어지면서 오염된 음식을 통한 감염이 늘었기 때문이라는 분석도 있다. 기온과 습도가 높아져 냉방기 사용이 늘면서, 냉각탑이나 응축기에서 증식한 레지오넬라균이 실내로 퍼져 레지오넬라증 환자도 증가하고 있다. 또한 높은 기온과 습도로 인해 대장균이나 노로바이러스에 의한 집단 식중독 사고도 잦아졌다. 2001년 이후 바닷물 수온이 상승하면서 콜레라균 번식이 활발해져, 국내에서도 15년 만에 콜레라 환자가 발생하기도 했다.

이처럼 기후변화로 인한 전염병, 알레르기, 온열 질환에 대응하기 위해서는 국가 차원의 보건 감시 체계를 강화해야 한다. 특히 노인, 어린이, 빈곤층과 같은 취약계층을 우선적으로 보호할 필요가 있다. 또한 국내에 아직 알려지지 않았지만 해외에서 발생하는 새로운 병원체 정보를 지속적으로 모니터링해 외래 전염병에 대비하는 노력도 함께 이루어져야 한다.

기후변화와 살림살이

예전과 달라진 기후로 인해 의식주 전반에 변화가 나타나 불편함이 커질 뿐 아니라, 폭염·가뭄·홍수·냉해와 같은 극한 기상 현상으로 농작물 생산이 불안정해지고 있다. 이로 인해 공급망이 흔들리면서 식료품을 비롯한 생활물가가 급격히 오르는 '기후플레이션(climateflation)' 현상이 두드러지게 나타나고 있다.

이상기상과 자연재해는 장기적으로 식량 부족과 식량 위기를 초래해 국가의 식량 안보를 위협하고, 경제 성장의 속도를 늦추는 요인으로 작용한다.

한국은행에 따르면 여름철 집중호우는 공사 중단 등으로 건설업을 단기적으로 위축시키고, 농림어업에는 농경지 침수, 가축 폐사,

싱가포르의 식량 대책

식량 안보와 관련해 참고할 만한 나라로 싱가포르를 들 수 있다. 싱가포르는 도시국가로 식량의 약 90%를 해외에 의존하고 있다. 그럼에도 식량을 안정적으로 확보하기 위해 특정 국가에 의존하지 않고 전 세계 150여 개국과 식량 무역을 하는 수입선 다변화 정책을 추진하고 있다.

또한 싱가포르는 세계 최초로 배양육 판매를 승인하며, 신식품(novel food)과 대체 단백질 산업의 글로벌 허브로 자리 잡고 있다. 이와 함께 첨단 스마트 농업, 수직농업, 도시 농업, 해외 식량 기지 건설, 식량 비축과 공급망 관리, 순환형 양식 시스템, 곤충 식품 개발 등 식량 자급도를 높이기 위한 다양한 정책을 적극적으로 시행하고 있다. 이러한 싱가포르의 식량 안보 전략은 우리도 본받을 만한 사례라고 할 수 있다.

생산량 감소 등 직접적인 피해를 준다. 폭염은 건설 현장의 작업 속도를 늦추고, 계절 과채류 생산량 감소, 축산물과 양식 어류 폐사, 산란계와 젖소의 생산성 저하를 일으킨다. 이로 인한 농·축·수산물 가격 상승은 시차를 두고 외식 서비스업까지 영향을 미쳐 소비자 물가를 끌어올리고, 경제성장률을 낮추는 부정적인 효과로 이어진다.

여름이 길어지고 폭염·폭우·태풍·산불이 일상화되면서 야외 활동이 어려워지고, 겨울이 짧아지며 기온이 오르면서 스키와 같은 겨울 스포츠 등 관련 산업도 타격을 받고 있다. 또한 홍수, 태풍, 폭설 같은 자연재해와 건조한 시기에 발생하는 산불은 주거지와 경작지, 산업시설은 물론 교통과 전력망 등 사회기반시설까지 파괴하며, 인명 피해와 이재민을 발생시켜 막대한 사회·경제적 손실을 초래한다.

대형 산불이 발생하면 숲이 이산화탄소를 흡수하던 기능은 사라지고, 오히려 탄소를 대기 중으로 배출해 기온 상승을 부추기며 건조와 가뭄을 불러오는 악순환이 반복된다. 장기간의 고온과 강수량 부족으로 형성된 건조한 기후가 산불을 일으키고, 산불로 발생한 유기탄소와 그을음 입자로 이루어진 연기는 다시 기후변화를 심화시키는 위험한 연결고리가 된다.

이상기상과 자연재해의 충격이 기존 인프라가 감당할 수 있는 임계치를 넘어서면, 피해는 비선형적으로 급격히 커져 기존 예측을 훨씬 뛰어넘는 타격을 줄 수 있다. 따라서 개인의 노력과 함께 사회적 관심, 그리고 기상이변과 자연재해에 적응하고 대응하는 체계적인 시스템을 마련해 지속 가능한 미래를 만들어 가야 한다.

4장

기후변화와
자연생태계

새로운 지질시대, 인류세

　기후변화의 원인을 둘러싸고 여러 논란이 있을 수 있다. 그러나 과학자들은 산업혁명 이후 화석연료 사용이 증가하면서 대기 중 이산화탄소와 같은 온실기체가 늘고, 인구 증가와 도시화·산업화로 삼림이 감소하는 등 다양한 요인이 기후 시스템에 영향을 주어 기후변화가 발생했다고 보고 있다.

　현재의 기후변화는 자연적 요인보다 인위적 요인의 영향이 더 크며, 산업화 이전에 비해 더 빠르고 큰 폭으로 진행되고 있다. 그 결과 각종 재해로 이어져 사회·경제적 손실도 크게 늘어나고 있다.

　기후변화로 인해 바다와 육지의 빙하가 녹고, 계절과 강수 유형이 바뀌며, 이상고온으로 열파가 잦아지고 때로는 비정상적으로 혹독한 한파가 이어진다. 또한 극심한 홍수와 가뭄이 번갈아 발생하고 해수면이 상승하며, 황사와 미세먼지 농도가 짙어지는 등 기상이변과 자연재해가 더욱 빈번해지고 있다. 이러한 변화는 선진국과 개발도상국을 가리지 않고 전 세계에서 나타나고 있다.

미국에서는 1948년 이후 10년마다 봄과 여름이 약 1.5일 정도 빨리 시작된 반면, 가을과 겨울의 시작은 점차 늦어졌다. 특히 멕시코만과 캘리포니아 해안 지역은 10년마다 여름이 약 3일씩 앞당겨져 계절 변화가 더욱 두드러졌다. 중국에서도 1951년부터 2000년 사이 여름은 약 6일 빨라졌고 겨울은 약 11일 짧아졌으며, 이러한 변화는 한반도에서도 비슷하게 나타났다.

세계적으로 큰 피해를 남긴 홍수 사례로는 1966년과 1997년의 라인강 홍수, 1995년 중국 홍수, 1998년과 2000년 동유럽 홍수, 2000년 모잠비크와 유럽 홍수 그리고 국토의 60%가 침수된 2004년 방글라데시 홍수 등이 있다. 2000년 이후에는 기후변화의 영향으로 전 세계적으로 홍수 발생 빈도와 피해 규모가 더욱 증가했다. 2000~2019년 사이 발생한 주요 홍수 건수는 이전 20년보다 두 배 이상 늘어 1,389건에서 3,254건으로 증가했다. 세계 여러 지역에서 집중호우와 폭풍우로 홍수 피해가 잇따르는 현상은 기후변화에 따른 자연재해로 본다.

지구온난화로 인해 홍수와 가뭄이 예전보다 더 자주 발생하고 피

인류세와 기후변화

>>>>>>>>>> 지구의 역사에서 인류가 지구 환경에 큰 영향을 미친 시기를 '인류세(Anthropocene)'라는 새로운 지질시대로 구분해야 한다는 주장이 있다. 인류의 시대라는 뜻을 가진 인류세는 1995년 노벨 화학상을 받은 네덜란드의 화학자 크루첸(P. Crutzen)이 2001년부터 널리 알리며 확산시켰다. 인류세를 주장하는 근거는, 인간이 화석연료를 지속적으로 많이 사용하며 배출한 온실기체로 인해 지구온난화와 기후변화가 나타났고, 그 변화의 규모와 속도가 과거의 지질학적 사건에 뒤지지 않을 만큼 커졌기 때문이다. 그래서 이를 새로운 지질시대로 구분해야 한다는 견해가 나왔다.

인류세의 시작 시점을 언제로 볼 것인지를 두고도 의견이 다양하다. 신석기시대, 화석연료 사용이 급증한 1800년대 산업혁명 시기, 제2차 세계대전 이후인 1950년대, 또는 플라스틱 사용이 본격화된 시기나 닭 뼈가 대량으로 쓰레기장에 쌓이기 시작한 시기 등을 기준으로 삼아야 한다는 주장도 있다.

한편 2024년 3월, 국제지질과학연맹(IUGS) 산하 소위원회에서는 인간 활동이 새로운 지질시대를 열었다며 '인류세'라는 명칭을 공식 지질시대로 사용하자는 제안이 과학적 기준 부족과 논쟁을 이유로 부결되었다. 그러나 '인류세'라는 개념 자체는 환경·사회·윤리적 문제를 함께 생각하게 하는 중요한 개념으로, 인류가 지구 환경에 미친 영향력을 상징하는 강력한 표현으로 남아 앞으로도 계속 논의될 것이다.

해 규모도 커지고 있다. 특히 가뭄으로 인한 피해는 아프리카에서 매우 심각하다. 서아프리카의 니제르, 차드, 세네갈 지역에서는 사용할 수 있는 물의 양이 과거보다 약 40~60% 줄었고, 연평균 강수량 감소로 사막화가 더욱 심해지고 있다.

사막화는 중국과 몽골 등 동아시아 지역에서도 빠르게 확산되며, 한반도와 일본까지 황사와 대기오염을 일으켜 국가 간 갈등의 원인이 되고 있다. 황사는 상승기류를 타고 떠오른 미세한 모래 먼지가 대기 순환을 따라 이동하다 내려오는 현상으로, 주로 자연적인 원인에 의해 발생하며 토양 성분으로 이루어져 있다.

최근에는 중국과 우리나라의 도시·공업지역, 화력발전소 등에서 발생하는 미세먼지로 공기 오염이 심해지면서 산업 활동에 부담을 주고, 국민 건강과 삶의 질에도 큰 영향을 미치고 있다. 미세먼지의 주요 원인은 자동차, 발전소, 보일러 등에서 연료를 태울 때 나오는 배출물질이며, 공사장이나 도로에서 날리는 먼지도 포함된다. 이 때문에 난방 연료 사용이 많고 강수량이 적어 건조한 겨울과 봄에 미세먼지가 특히 많이 발생한다.

미세먼지는 대기 중에 떠다니는 분진 가운데 직경이 $10\mu m$ 이하인 먼지로, 눈에 잘 보이지 않을 만큼 매우 작아 '미세먼지(PM10)'라고 부른다. 이보다 더 작은 직경 $2.5\mu m$ 이하의 입자는 '초미세먼지(PM2.5)'로 구분한다. 미세먼지는 전력 사용, 난방, 제품 생산, 자동차 운행 등 일상생활 전반에서 발생한다. 따라서 우리는 미세먼지의 피해자이면서 동시에 원인을 제공하는 존재임을 인식해야 한다. 전기 절약, 자원 절약, 대중교통 이용 등 미세먼지를 줄이기 위한 실천에 적극적으로 참여해야 하며, 동아시아 지역에서 국경을 넘어 이동하는 황사와 미세먼지 문제를 해결하기 위해 국내 차원의 노력과 국제적 협력을 구분해 함께 대응할 필요가 있다.

사라지는 북극과 남극의 빙하와 차오르는 해수면

지구온난화에 따른 자연의 변화를 가장 뚜렷하게 관찰할 수 있는 곳은 북극과 남극, 그리고 고산의 빙하지대다. 최근 50년 동안 북극권의 연평균기온은 지구 평균보다 3배 이상 빠른 약 3.1℃ 상승했으며, 그 결과 여름철 북극의 빙하는 북쪽으로 크게 후퇴하고 두께도 눈에 띄게 얇아졌다.

미국 국립빙설자료센터(NSIDC)의 인공위성 관측 자료에 따르면 1850년대 이후 9월 북극해의 얼음 면적은 지속적으로 감소해 왔다. 특히 1979년 이후 9월 북극해 빙하 면적은 약 645만 km²에서 시작해, 10년마다 약 12~13%씩 줄어드는 추세를 보이고 있다.(그림 11) 바다 위에 떠 있는 해빙(海氷) 면적이 가장 적었던 시기는 2012년 9월

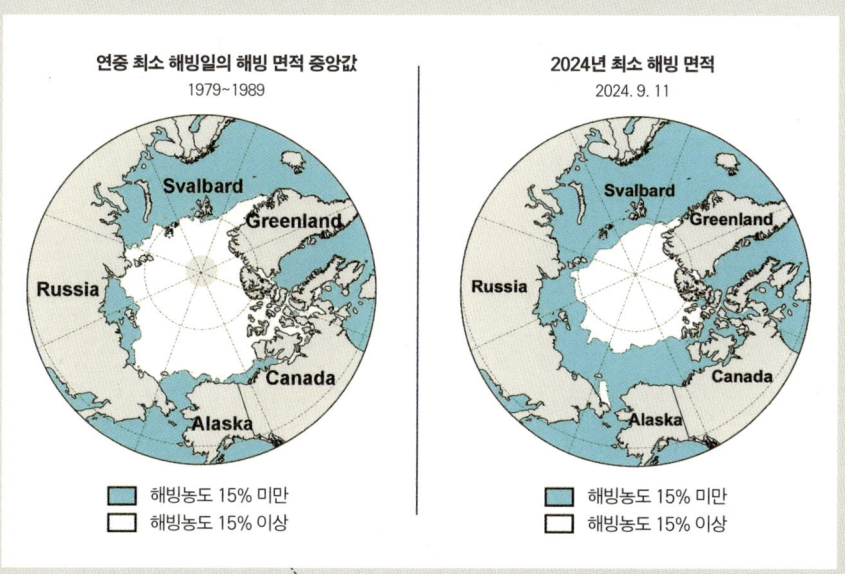

로, 약 341만 km²까지 감소했다. 이는 매년 평균 약 7만 4,000~7만 7,000km²에 달하는 얼음이 사라지고 있음을 의미하며, 북극의 변화 속도가 얼마나 빠른지를 보여주는 대표적인 사례다.

북극의 얼음이 녹는 가장 큰 이유는 온실기체가 늘어나면서 지구의 온도가 올라가기 때문이다. 북극의 기온은 지구 평균보다 2~4배 빠르게 오르고 있는데, 이는 '북극 증폭' 현상과 관련이 있다. 얼음과 눈이 녹으면 햇빛을 잘 반사하던 하얀 표면이 사라지고, 대신 어두운 바다가 드러나 더 많은 열을 흡수하게 된다.

최근에는 관측 이래 가장 높은 기온이 자주 나타나면서 바다 얼음이 빠르게 줄고 있다. 이로 인해 영구동토층이 녹아 그 안에 저장된 메탄가스가 대기 중으로 방출되고 있다. 이러한 북극의 온난화는 찬 공기를 붙잡는 극소용돌이를 약화시켜, 우리나라를 포함한 중위도 지역에 한파를 일으키고 지구 전체 기후에도 큰 영향을 미친다.

지구온난화로 북극의 봄과 여름철 빙하가 사라지면서 기후 시스템이 불안정해지고 기상이변이 더욱 자주 발생하고 있다. 이런 추세가 계속된다면 머지않아 여름철 북극해에서 얼음이 완전히 사라질 수 있다는 전망도 나온다. 유럽우주기구(ESA)의 위성 자료에 따르면 북극 빙하는 면적뿐 아니라 겨울철 빙하의 두께까지 얇아지고 있으며, 미국 항공우주국(NASA)은 이러한 장기적인 빙하 감소를 기후변화의 확실한 증거로 보고 있다.

여름에 북극의 빙하가 크게 줄어들면 미국, 유럽, 아시아 등 북반구 중위도 지역에서는 겨울에 강한 추위가 나타날 가능성이 커진다. 북쪽의 찬 공기는 제트기류를 따라 이동하는데, 빙하가 녹으면서 북극과 중위도 지역의 온도 차가 줄어들면 제트기류가 약해진다. 이로 인해 찬 공기가 제자리에 머물거나 남쪽으로 내려오면서 기습적인 한파가 발생한다. 또한 북극해가 얼어 있을 때는 대기 중의 열이 바다로 흡수되지 않지만, 여름철 해빙이 사라지면 태양 에너지를 흡수한 해수면 온도가 올라가 영구동토층에 저장된 메탄 등 온실기체가 대기 중으로 방출되어 지구온난화를 더욱 가속한다.

남극의 빙하 역시 지구온난화의 영향을 피해 가지 못하고 있다. 남극 빙하가 녹는 주된 원인은 해수면 온도 상승이며, 약 30%는 강설량 감소 때문으로 본다. 특히 서남극의 스웨이츠빙하와 파인아일랜드빙하에서 전체 빙하 손실의 약 70%가 집중적으로 나타났다. 지난 20여 년 동안 수조 톤의 얼음이 사라졌고, 빙하 감소 속도는 과거보다 2~3배 빨라져 해수면 상승을 부추기고 있다.

2002년부터 2025년까지 남극에서는 해마다 평균 약 1,350억 톤(135Gt)의 얼음이 유실되었으며, 이로 인해 전 세계 해수면은 매년 약 0.4mm씩 상승하고 있다.

2025년 2월 13일 기준, 북극과 남극의 총 해빙 면적은 1,576만 km^{2}까지 줄어들어, 2023년에 기록한 최저치를 다시 경신했다. 북극

북극항로(Arctic Shipping Routes)

북극해의 얼음이 녹으면서 뜻밖의 새로운 기회를 맞이하는 곳도 있다. 기후변화로 북극해의 바다 빙하(해빙)가 줄어들면서 새롭게 주목받는 해상 운송로가 바로 북극항로다. 지구온난화로 북극해 빙하가 녹자, 과거에는 배가 다닐 수 없던 북극해를 상업용 선박이 통과해 유럽과 아시아를 오가는 길이 열리기 시작했다.

북극항로가 본격적으로 이용되면 부산항에서 네덜란드 로테르담까지의 운항 거리는 기존 항로의 약 2만 km에서 약 1만 3천 km로 줄어들어 약 32% 짧아진다. 이에 따라 운송 시간은 약 30일에서 10일 이상 단축되고, 연료비도 30% 이상 절감되며 탄소 배출을 줄이는 효과도 기대할 수 있다.

이처럼 북극의 바닷길이 열리면서 아시아와 유럽 사이의 화물 운송에 드는 시간과 비용이 크게 줄어들어, 앞으로 화물선 통행량이 급증하는 이른바 '북극 질주(Arctic rush)'가 나타날 것으로 보고 있다. 이에 따라 싱가포르와 수에즈운하를 잇는 기존 항로를 대신해 북극항로의 새로운 물류 거점으로 부산이 떠오를 수 있다는 기대도 커지고 있다.

과 남극의 얼음은 태양 에너지를 반사해 지구 대기 대순환을 조절하는 중요한 역할을 한다. 그러나 북극해의 여름 빙하와 남극 서부, 고산 지역의 빙하가 빠르게 줄어들면서 최근 10~15년 사이 해수면 상승 속도는 더욱 빨라졌다. 지금과 같은 추세가 이어질 경우 해수면이 최대 3m까지 상승할 수 있으며, 앞으로 10~20년 안에 전 세계 주요 해안 도시들이 침수 위기에 놓일 수 있다는 경고도 나오고 있다.

러시아에서는 지구온난화로 인해 국토의 약 63%를 차지하는 툰드라 지역의 영구동토층이 녹고 있다. 기온이 계속 오르면 앞으로 25~30년 안에 영구동토층 면적이 10~18% 줄어들고, 2050년경에는 최대 30%까지 감소할 것이라는 예측이 나오고 있다. 이와 함께 영구동토층의 경계도 북동쪽으로 약 150~200km 이동할 것으로 보인다. 영구동토층이 녹으면 이산화탄소보다 약 23배 강한 온실기체인 메탄이 대기 중으로 방출되어 지구온난화를 더욱 빠르게 만든다.

지구온난화의 영향은 고산지대 자연생태계에서도 뚜렷이 나타나고 있다. 2000년 이후 북극과 남극뿐 아니라 세계 여러 고산지대에서도 변화가 관찰되었다. 전 세계 고산 지역의 산악빙하 중 약 5%는 이미 사라졌고, 알프스산맥의 빙하는 과거의 약 3분의 1 수준으로 줄었다. 지금과 같은 추세가 이어지면 2100년까지 알프스산맥과 피레네산맥 빙하의 80% 이상이 녹을 수 있다는 전망도 나오고 있다.

티베트고원은 지난 50년 동안 기온이 꾸준히 상승했고, 상승 속도도 빨라지고 있다. 이로 인해 히말라야 빙하가 녹는 속도는 10년 전보다 약 65% 빨라졌다. 미국 콜로라도의 고산지대에서도 온난화가 빠르게 진행되었고, 남아메리카 안데스산맥의 빙하는 지난 60년 동안 절반 가까이 사라졌다. 특히 최근 20년 동안 해발 4,000m 이상의 고산지대 기온 상승 속도는 해발 2,000m 이하 지역보다 약 75% 빠른 것으로 나타났다. 고산지역에서는 빙하 감소로 생태계가 교란되고, 주민들이 생활에 필요한 물을 확보하는 데 어려움을 겪고 있다.

북극이나 남극처럼 사람이 거의 살지 않는 지역과 달리, 고산지대 산자락에는 많은 사람들이 살고 있다. 여름에 녹는 고산 빙하수에 의존해 생활하는 인구는 전 세계적으로 약 20억 명에 이른다. 하지만 앞으로 빙하가 줄어들면 하천의 물이 감소하고, 지하수 사용이 늘어나 가뭄과 물 부족 문제가 더욱 심각해질 가능성이 크다.

빙하가 녹아 해수면이 높아지면 가장 큰 피해를 입는 곳은 해안 도시와 작은 섬나라들이다. 20세기 동안 전 세계 해수면은 평균 10~20cm 상승했으며, 이런 흐름은 앞으로도 계속될 것으로 보인다. 해수면이 계속 오를 경우 뉴욕, 네덜란드, 베니스, 방글라데시처럼 해안에 도시와 인구가 밀집한 지역에서는 바닷물 범람 피해가 크게 늘어날 것이다. 또한 인도네시아가 수도를 자카르타에서 누산타라로 옮기려는 것도 지반 침하와 해수면 상승 때문이다.

태평양의 통가, 투발루, 나우루, 몰디브와 같은 작은 섬나라들은 나라 자체가 사라질 수 있는 위기에 놓여 있다. 해수면이 1cm 높아질 때마다 약 200만 명이 홍수 피해를 입을 것으로 예상되며, 이로 인해 살던 곳을 떠나야 하는 환경 난민도 늘어날 수 있다. 또한 하천과 호수, 지하수가 바닷물에 오염되면서 사회적 혼란과 경제적 부담도 커질 가능성이 크다.

꽃은 피었는데 곤충은 아직도 꿈나라

지구 평균 온도가 산업화 이전인 1850~1900년보다 1.55℃ 높아지면서, 가뭄과 홍수, 해수면 상승 같은 부작용이 나타나고 있다. 이와 함께 동식물의 생리적 · 생태적 시간표도 흔들리고 있다. IPCC는 최근의 기후변화가 인간이 배출한 이산화탄소와 메탄 등 온실기체로 인한 지구온난화 때문일 가능성이 90% 이상이라고 보았다. 지구 평균기온이 산업화 시대보다 약 2℃ 오르면 생물종의 20~30%가 멸종하고, 자연생태계에도 큰 변화가 나타날 것이라고 경고했다.

열대우림은 단위 면적당 생물종 수가 가장 많고, 희귀한 야생동물이 많이 서식하는 자연생태계의 보고다. 아마존을 비롯한 열대우림은 과거에는 연간 약 20억 톤의 탄소를 흡수하는 탄소 흡수원이었으나, 지금은 벌목과 가뭄, 산불 등의 영향으로 흡수량보다 배출량이 더 많은 '탄소 배출원'으로 바뀌고 있다. 오늘날 아마존에서 배출되는 탄소의 양은 한국의 연간 탄소 배출량의 20배 이상으로 알려졌다.

대규모 벌목과 자원 개발로 열대우림이 파괴되면 기후변화를 가속하고 생물다양성까지 위협하게 된다. 미국 버지니아대학교 연구팀은 기후변화 등의 영향으로 열대우림이 완전히 사라질 경우, 대기 중 온실기체가 증가해 지구 평균기온이 약 0.7℃ 더 상승할 수 있다고 분석했다.

한편 열대우림의 어린 숲은 다른 나무보다 자라는 속도가 빨라 탄소를 흡수하는 능력이 뛰어나다. 따라서 열대우림을 보전하고 나무를 심는 일은 온실기체를 줄이고 기후변화를 완화하는 가장 확실한 방법 가운데 하나라고 할 수 있다.

유럽에서는 여름이 시작되는 시기가 40년 전보다 약 10일 정도 빨라지면서, 프랑스의 포도나무, 스위스의 체리, 영국의 여름꽃 등 여러 식물이 싹을 틔우고 꽃이 피는 시기 또한 앞당겨졌다. 지구온난화의 영향으로 동유럽에서는 봄철 눈이 녹는 시기가 빨라지고, 대륙의 찬 공기 순환이 둔해지면서 대기가 더 따뜻해져 여름이 일찍 시작되는 경향이 뚜렷해졌다. 이처럼 생물계절 시계가 어긋나게 되면, 식물의 개화 시기와 꽃가루를 옮기는 곤충의 활동 주기가 맞지 않게 되어 생태계 전반에 큰 혼란이 발생할 수 있다는 점을 과학자들은 우려한다. 기온 상승으로 꽃은 예년보다 빨리 피었지만, 벌과 같은 곤충이 아직 겨울잠에서 깨어나지 못하면 개화 시기와 곤충 활동 시기 사이에 차이가 생겨 식물이 열매를 맺기 어려워지기 때문이다.

세계적인 휴양지도 지구온난화의 피해로부터 자유롭지 않다. 학술지 《사이언스》에 따르면 1880년부터 1920년까지 40년 동안 지구 평균기온은 약 0.85℃ 상승했으나, 지중해 지역은 이보다 약 0.45℃ 더 높은 1.3℃ 상승을 기록했다. 앞으로 2100년경 지구 평균기온이 현재보다 약 5℃ 상승할 경우, 스페인 남부와 이탈리아 시칠리아 등

지에서는 사막화가 확대되고, 기존의 지중해성 식생이 낙엽활엽성 식물로 바뀔 가능성이 크다고 전망된다.

인간이 재배하는 1,500여 종의 작물 가운데 약 30%는 꿀벌이나 곤충의 꽃가루받이가 필요하며, 세계 식량 생산량의 90%를 차지하는 100대 주요 농작물의 약 70%는 꿀벌에 의해 수정된다. 그런데 2006년 이후 북미, 유럽, 호주 등지에서 꿀벌 네 마리 가운데 한 마리가 사라지면서 자연생태계에 비상이 걸렸고, 양봉 농가도 큰 피해를 입었다. 꿀벌이 사라지면 농산물의 종류와 생산량이 줄어들어 인류는 심각한 식량 부족을 겪게 될 것이다. "만약 벌들이 지구상에서 사라진다면 인류는 4년 이상 버티지 못한다"라는 말은 꿀벌의 생태적 중요성을 강조하는 표현이다.

지구온난화로 인해 과거보다 꽃이 더 일찍 피고, 곤충이나 양서·파충류가 알에서 조기에 깨어나며, 새들의 산란 시기도 앞당겨지고, 생물의 서식지 자체가 이동하고 있다. 세계자연기금(WWF)이 발표한 〈지구생명보고서 2024〉에 따르면 1970년 이후 전 세계 척추동물 개체 수는 약 73% 감소했다. 현재 동물종의 약 3분의 1은 멸종 위협을 받거나 이미 멸종 위기에 놓여 있으며, 그 주요 원인으로 서식지 파괴와 함께 기후변화가 지목된다.

얕은 바다에서는 바닷물 속에 녹아 있던 탄산칼슘이 고체 상태로 변해 쌓이며 바다가 하얗게 변하는 갯녹음 현상(산호 백화현상)이 널리 퍼지고, 이로 인해 생물 다양성이 급격히 감소하는 등 자연생태계의 모습도 크게 달라지고 있다.

IPCC에 따르면 지구 평균기온이 1℃ 상승하면 멸종하는 양서류가 늘고, 많은 해조류가 사라지며 산호가 죽어가는 백화현상이 나타난다. 2℃ 이상 상승할 경우 여러 지역에서 산호가 거의 사라지고, 생물종의 약 4분의 1이 멸종 위기에 처하며, 시베리아의 영구동토층과 남극·그린란드의 빙하가 녹아 기후를 예측하고 대응하기 어려운 상황이 된다. 3℃ 상승하면 지구상의 많은 생물이 멸종 위기에 놓이고, 5℃ 상승하면 해수면 상승으로 대부분의 해안 도시는 물에 잠기게 될 것으로 전망된다.

현재 지구의 평균기온은 19세기 말 산업혁명 이전보다 약 1.5℃ 상승한 상태다. 과학자들은 기후변화가 지금과 같은 속도로 진행된다면 2050년까지 지구 생물종의 약 4분의 1이 멸종할 것이라는 매우 암울한 예측을 내놓고 있다.

기후변화 때문에 수난을 겪는 북극권 동물들

지구온난화는 동물 생태계에 크고 작은 변화를 가져올 뿐만 아니라, 동물의 멸종까지 이어질 수 있다. 그렇다면 왜 기후변화가 동식물의 멸종을 불러올까? 동식물의 개체 수가 줄어들거나 멸종하는 가장 큰 이유는 기후변화와 서식지 파괴로 인해 바뀐 환경에 생물들이 생리·생태적으로 적응하지 못하기 때문이다. 여기에 더해 생물종 사이의 상호작용 변화도 중요한 원인으로 작용한다. 특히 동물의 경우 먹이 감소는 멸종에 가장 큰 영향을 미치는 요인이다.

북극을 둘러싼 북극권의 기온은 100년 전보다 약 3.0℃ 상승하면서, 이 지역을 대표하는 동물인 북극곰과 순록이 큰 어려움을 겪고 있다. 미국 지질조사국(USGS)에 따르면 북극해의 빙하가 녹으면서, 주로 바다 얼음 위에서 물범을 사냥하던 북극곰들이 육상으로 이동하는 비율이 지난 30년 동안 20% 이상 증가했다. 미국 어류야생생물보호국(USFWS)은 2050년이 되면 북극해 빙하가 크게 줄어들어 북극곰 개체 수가 30% 이상 감소해 약 1만 5,000마리 수준으로 줄어들 것으로 예측했다.

북극곰의 삶터인 북극 해빙의 규모는 기후변화를 보여주는 매우 민감한 지표다. 해빙은 태양 에너지를 반사해 극지방을 차갑게 유지하고, 지구 평균기온을 조절하는 역할을 한다. 보통 여름에 녹았다가 겨울에 다시 얼어야 하지만, 최근에는 가을이 되어도 얼음이 제대로 얼지 않는 현상이 나타나고 있다. 북극곰의 주요 번식지로 알려진 캐나다 허드슨만에서는 1월 중순까지도 바다가 얼지 않는 이례적인 현상이 관측되기도 했다.

지구온난화로 먹이가 부족해지면서 북극곰은 바다표범 대신 바닷새의 알을 훔쳐 먹고, 민가 근처로 내려와 쓰레기통을 뒤지거나 음식물을 훔치는 행동을 보이기도 한다. 심지어 수컷 북극곰이 극심한 굶주림을 견디지 못해 새끼를 잡아먹는 카니발리즘 현상이 관찰돼 국제사회에 큰 충격을 주었다. 캐나다 앨버타대학교 연구진에 따르면 빙하가 줄어들면서 먹이를 충분히 구하지 못한 북극곰은 영양 부족으로 몸집이 작아지고 수명도 짧아졌다. 지구온난화로 삶의 터전을 잃고 먹이가 줄어들면서 북극곰은 기후적 떠돌이가 되었다.

툰드라에 서식하는 순록 역시 지구온난화의 피해자다. 순록은 겨울철에 약 2cm 두께의 얼음을 발굽으로 헤치고, 영양이 풍부한 이끼와 지의류를 먹고 살아간다. 그러나 겨울이 따뜻해지면서 비가 자주 내리고, 그 비가 눈 위에서 얼어붙어 눈 속의 이끼와 지의류를 두꺼운 얼음층이 덮는 현상이 반복되고 있다. 이로 인해 순록은 먹이를 먹지 못해 굶주리고, 유산을 하거나 몸무게가 가벼운 새끼를 낳게 되면서 개체 수가 급격히 줄었다. 겨울이 충분히 춥지 않아 눈이 비로 내린 뒤 얼어붙는 일이 잦아지면, 순록이 눈 아래 먹이를 먹지 못해 야생에서 사라질 수 있다는 우려도 제기된다.

기후변화는 동물의 생존 방식과 진화 과정에도 영향을 미쳤다. 북유럽에 서식하는 회색 올빼미의 털 색은 눈 덮인 환경에서 훌륭한 위장 수단이었다. 그러나 지난 30년 동안 기온이 상승하면서 눈 덮인 지역이 줄어들자, 회색 올빼미의 개체 수는 크게 감소하고 갈색 올빼미의 비율이 증가했다. 숲의 색과 비슷한 갈색 털을 지닌 올빼미 새끼들이 더 잘 보호받고 사냥에 유리해지면서, 환경 변화에 적응한 결과로 해석된다.

사라지는 육상동물들

아시아에서는 기후변화와 서식지 감소 등 여러 원인으로 인해 인도의 벵골호랑이 개체 수가 과거의 절반 수준으로 줄었고, 중국의 판다는 수백 마리만 남아 있는 상황이다. 국제자연보전연맹(IUCN)에 따르면 오늘날 지구상에는 식물 약 2만 5,000종과 동물 약 1,000종이 멸종 위기에 놓여 있다. 지금과 같은 속도로 생물종이 사라진다면 20년 후에는 약 100만 종이 멸종할 수 있다는 경고도 나온다. 또 지구 평균기온이 3.5℃ 상승할 경우 생물종의 40~70%가 멸종할 가능성이 있다는 보고도 있다.

미국 캘리포니아대학교 연구진은 학술지 《사이언스》에 발표한 논문에서, 기후변화에 민감한 변온동물인 도마뱀이 큰 위기를 겪고 있다고 밝혔다. 연구에 따르면 멕시코의 도마뱀 개체 수 가운데 약 12%가 이미 사라졌고, 전 세계적으로는 2050년까지 5%, 2080년까지는 20%의 도마뱀이 사라질 것으로 예측했다. 도마뱀은 햇볕을 좋아하지만 너무 높은 온도에는 약해, 먹이를 사냥하거나 번식하는 데 어려움을 겪는다. 도마뱀은 새와 뱀의 먹이가 되는 동시에 곤충을 잡아먹는 포식자이기 때문에, 도마뱀의 급격한 감소는 생태계 전체에 예상하지 못한 큰 영향을 줄 수 있다.

호주 노트르담대학교 연구진은 호주 서부에 서식하는 목도리앵무새의 날개 길이가 지난 45년 동안 4~5mm정도 더 길어졌다는 사실을 발견했다. 야생 앵무새의 날개가 커진 것은 날아다닐 때 몸의 열을 더 잘 밖으로 내보내기 위한 변화로, 기온 상승에 적응한 결과로 보았다.

해수면 상승으로 멸종한 포유류

호주 퀸즐랜드대학교 연구팀은 호주에 서식하던 '브렘블 케이 멜로미스(Melomys rubicola)'를 기후변화로 인해 호주에서 멸종한 첫 포유류라고 발표했다. 멜로미스는 쥐와 비슷하게 생긴 설치류로, 1845년 퀸즐랜드주 연안의 브렘블 케이섬 산호초 지역에 서식하는 것이 처음 보고되었다.

1978년 조사에서는 수백 마리가 살고 있는 것으로 확인되었지만, 2009년 이후 자취를 감추었다. 과학자들은 기후변화로 해수면이 상승하면서 섬에 바닷물이 자주 넘쳤고, 그 결과 멜로미스의 서식지가 파괴되어 멸종에 이르렀다고 보고 있다.

이 연구는 알렌의 법칙(Allen's rule)으로 설명할 수 있다. 알렌의 법칙에 따르면 항온동물은 주변 환경의 온도에 따라 몸의 형태가 달라진다. 사막여우처럼 더운 지역에 사는 동물은 귀, 팔, 다리와 같은 몸의 말단 부위가 커져 열을 쉽게 방출하고, 북극토끼처럼 추운 지역에 사는 동물은 이 부위가 작아 열 손실을 줄인다. 목도리앵무새의 날개가 커진 현상은 알렌의 법칙을 잘 보여주는 대표적인 사례로 꼽힌다.

기후변화로 생태계 변화가 계속되면 철새처럼 계절에 따라 장거리를 이동하는 생물종이 특히 큰 피해를 입는다. 런던동물학회는 기온 상승, 강수량 변화, 해수면 상승, 해양 산성화, 해류 변화, 기상이변 등이 장거리 이동 생물의 개체수에 직접적인 영향을 준다고 밝혔다.

장거리를 이동하는 생물에게는 작은 환경 변화도 생존에 치명적일 수 있다. 한곳에 정착해 사는 텃새와 달리, 철새와 같은 이동성 생물은 먹이 활동, 번식, 휴식을 위해 여러 지역의 서식지가 필요하다. 따라서 기후변화에 더 취약할 수밖에 없다.

남극에서도 바닷물의 수온이 오르고 빙하 면적이 줄어들면서, 크릴새우를 먹이로 삼는 황제펭귄의 개체수가 감소하고 있다. 남극의 육지 빙하가 줄어들자 황제펭귄은 빙벽을 이용해 추위를 피하고 얼음 위에서 새끼를 키우는 일이 어려워졌고, 그 결과 개체 수가 급격히 줄었다. 지금과 같은 속도로 지구온난화가 계속된다면 2100년경 황제펭귄의 개체 수는 적게는 40%, 많게는 99%까지 감소할 것이라고 국제 공동 연구진은 예측했다. 또한 남극 주변의 이산화탄소 농도가 높아지고 바닷물이 산성화되면서 크릴새우가 줄어들었고, 이를 먹이로 삼는 대왕고래는 먹이를 찾아 약 500km 남쪽으로 이동해야 하는 '기후 난민'이 되었다.

한편 과학자들은 육상에 서식하는 양서류, 파충류, 조류, 포유류 가운데 500여 종의 서식 온도 범위를 분석해 과거의 진화 속도를 계산했다. 그 결과 이들 동물은 약 100만 년에 기온이 1℃씩 오르는 변화에 적응해 왔다고 보았다. 그러나 앞으로 100년 동안 기온이 최대 4~5℃까지 상승한다면, 동물들은 이러한 변화에 적응하지 못하고 사라질 가능성이 크다.

육상 척추동물들이 21세기에 예상되는 기온 상승에 적응하려면 과거보다 1만 배 이상 빠른 진화 속도가 필요하지만, 이는 현실적으로 매우 어렵다. 따라서 많은 동물들이 멸종 위기에 놓일 것이라는 우려가 제기되고 있다.

물고기가 작아지고 수컷이 많아지는 이유

지구온난화가 진행되면서 바다에서는 수온 상승, 용존 산소 감소, 플랑크톤 생태계 이상, 따뜻한 물을 선호하는 어종의 증가, 산호초의 북상 또는 백화현상 등 다양한 변화가 나타나고 있다.

바다에 사는 식물성 플랑크톤은 광합성을 통해 이산화탄소를 흡수하고 우리가 숨 쉬는 데 필요한 산소를 만들어 주며, 바닷속 초식동물의 먹이가 되어 해양 생태계를 떠받치는 먹이사슬의 출발점이다. 그러나 과학잡지 《네이처》에 실린 연구에 따르면 지난 100년 동안 바다의 식물성 플랑크톤은 약 40% 감소했다. 이러한 감소의 직접적인 원인은 바다 최상층 수온이 상승하면서 수층이 안정화되고, 영양염이 표층으로 공급되지 않기 때문으로 분석된다.

바닷물 온도가 높아지면서 해양 생태계 전체가 흔들리고 있다. 학술지 《네이처 기후변화》에 따르면 해양 생물들은 자신에게 알맞은 수온을 찾아 매년 평균 약 7km씩 극지방 방향으로 이동하고 있으며, 이 과정에서 번식 시기, 먹이 관계, 이동 방식이 빠르게 바뀌고 있다. 육상 동물들이 연간 약 1km 정도 이동하는 것과 비교하면, 바다 생물의 이동 속도는 훨씬 빠른 편인데, 이는 많은 해양 생물이 이동 능력이 뛰어나기 때문이다.

수온 상승으로 바다에서도 겨울은 짧아지고 봄은 빨리 시작되면서, 플랑크톤의 발생 시기가 앞당겨지고 이에 따라 해양 생물의 번식 시기 역시 과거보다 빨라졌다. 그러나 해변의 바위에 붙어 사는 따개비류나 조개류처럼 이동 능력이 제한된 생물은 찬물을 찾아 빠르게 이동할 수 없다. 이런 생물들은 계절의 시작 시기가 달라지거나 수온이 계속 상승할 경우, 적응하지 못하고 그대로 죽거나 개체 수가 급감할 위험에 놓이게 된다.

지구온난화의 영향으로 유럽에서는 바다와 강에 사는 어류의 몸집이 점점 작아지고 있다. 어떤 어종은 지난 수십 년 동안 무게가 절반 가까이 줄어들기도 했다. 최근 약 40년 동안 바다 수온이 오르면서 어류의 평균 몸집은 약 29% 감소했는데, 이는 수온 상승으로 물속에 녹아 있는 산소의 양이 줄어들자, 물고기들이 산소 부족에 적응하기 위해 몸의 크기를 줄인 결과로 본다. 어류는 몸집뿐만 아니라 개체 수도 감소했으며, 북해와 발트해에서는 물고기 수가 평균 60% 정도 줄어들었다. 이런 변화는 물고기뿐 아니라 박테리아와 플랑크톤의 크기 감소에서도 함께 나타나고 있다.

물고기 가운데 약 40여 종은 염색체가 아니라 물의 온도에 따라 암수가 정해진다. 물의 온도가 높아지면 몸속에서 일어나는 생화학 반응이 달라져, 남성호르몬을 여성호르몬으로 바꾸는 효소의 작용이 줄어든다. 그 결과 수컷 물고기의 비율이 크게 늘어나게 된다.

실제로 알에서 깨어난 어린 물고기를 자연 상태보다 3~4℃ 높은 물에서 20일 동안 키웠더니, 수컷의 비율이 최대 80%까지 증가했다. IPCC는 21세기 말까지 바닷물 온도가 1.5℃ 상승하면 물고기의 암수비율 균형이 깨질 수 있다고 경고했다. 여기에 수질오염과 남획까지 겹치면 바다의 물고기 수는 더 빠르게 줄어들 수 있다.

대기 중 온실기체가 늘어나면 산호초 주변의 수온이 오르고, 바닷물이 산성화되는 부작용도 나타난다. 호주 제임스 쿡대학교 연구진에 따르면 세계 최대 산호 군락지인 대보초(Great Barrier Reef)의 약 95%에서 백화현상이 관찰되었다. 백화현상은 바다 환경이 변하면서 산호와 공생하던 광합성 조류(쌍편모충류)가 살기 어려워져 산호에서 떨어져 나가고, 그 결과 산호가 본래의 흰색을 드러내는 현상이다. 이러한 변화는 해양 생태계 전반에 큰 위협이 되고 있다.

우리 바다의 온난화와 생태계 변화

1968~2024년 사이 지구 평균 표층 수온이 0.74℃ 상승하는 동안, 한반도 주변 해역의 수온은 1.58℃ 상승해 두 배가 넘는 빠른 속도를 보였다. 한반도 주변 바다는 절반가량이 반폐쇄적인 구조를 가지고 있어 바닷물 온도가 더 빠르게 오르는 특성이 있다. 여기에 더해 북극 온난화로 시베리아 고기압과 계절풍의 영향이 약해지고, 1980년대 이후 남쪽에서 유입되는 대마난류가 강해지면서 우리나라 주변 바다의 수온 상승이 가속화되었다.

한반도 근해에서는 1970년대 중반과 1980년대 후반에 나타난 기후변화로 난류성 어종인 고등어, 멸치, 오징어의 어획량이 크게 늘어나, 생산량 기준으로 이들이 이른바 '3대 어종'이 되었다. 1960년대에는 1만 톤도 채 잡히지 않던 고등어 생산량이 13만 톤을 넘었고, 멸치와 살오징어 역시 1950년대 2~3만 톤 수준에서 각각 21만 톤 이상, 15만 톤 이상으로 증가했다. 그러나 오징어는 기후변화에 남획까지 겹치면서 최근 들어 개체 수와 어획량이 빠르게 감소하고 있나.

최근 부산 인근 해역에서는 전체 212종의 어류 가운데 아열대종이 151종으로, 비중이 71%까지 높아졌다. 이는 2007~2009년 국립수산과학원 조사 당시, 총 78종 중 아열대종이 44종(약 56%)이었던 것과 비교하면 아열대성 어류의 비율이 약 15%포인트 증가한 것으로, 해수 온도가 크게 상승했음을 보여주는 결과다.

반면 동해에서는 동해안에 주로 서식하던 한류성 플랑크톤 대신, 남해안에 흔한 화살벌레류 플랑크톤의 비율이 높아졌다. 그 결과 동해의 대표적인 찬물성 어종인 명태, 대구, 도루묵의 어획량이 크게 줄어들었다. 특히 명태는 1981년에 16만 톤 이상 잡혔으나, 최근에는 거의 잡히지 않는 상황이다. 명태가 자취를 감춘 원인으로는 수온 상승과 함께 새끼 명태인 노가리의 남획이 꼽힌다. 동해에서는 바닷물 온도가 높아지면서 명태 대신 난류성 어종인 복어가 잡히는 현상이 나타나고 있다.

국립생물자원관이 2023년 울릉도 연안 어류의 종 다양성을 조사한 결과, 전체 131종 가운데 열대성 어류가 37.7%, 아열대성 어류가

20.8%로 나타났다. 즉 전체의 58.5%가 열대·아열대성 어류로, 제주도와 부산에 이어 울릉도까지 한반도 주변 바다의 '아열대화'가 진행되고 있음을 보여준다.

제주 특산품이었던 자리돔과 오분자기는 이제 거문도 등 전남 해안에서도 잡히고, 남해안에 주로 머물던 멸치가 동해안에서도 발견된다. 청새치, 제비활치류, 보라문어 등 온대·아열대성 어종도 예전보다 자주 나타난다. 몇 년 전부터는 대형 참다랑어(참치)가 제주도에서 잡히고, 난류성 어종인 멸치와 오징어가 제주와 남해를 넘어 서해와 강원도 연안까지 북상했다.

조개류의 어린 개체를 채취하는 시기도 앞당겨졌다. 굴은 6월 중·하순에서 6월 상순으로, 새꼬막은 4~5월에서 3~4월로 빨라졌다. 이는 지구온난화로 수산생물의 생활 주기 자체가 빨라지고 있음을 보여주는 변화다.

2020년대(2020~2023) 우리나라 연근해 어업 생산량은 연평균 93만 톤으로, 1980년대에 비해 약 60% 수준으로 감소했다. 한때 151만 톤에 이르던 수산물 생산량이 40여 년 만에 100만 톤 아래로 줄었다.

과거에는 양식 김이 자라기에 알맞은 수온이 5~8℃였으나, 요즘은 약 10℃ 전후로 높아졌고, 미역 양식에 적합한 수온도 8℃에서 10℃까지 상승했다. 한때 바다의 잡초로 취급받던 해조류는 40여 년

이 지난 지금 전 세계 식탁에 오르는 슈퍼푸드가 되었으며, '검은 종이'로 불리던 김은 이제 한국을 대표하는 K-푸드로 자리 잡았다. 사람의 눈으로는 쉽게 확인하기 어려운 바닷속 지구온난화의 증거를 찾고 대응책을 마련하기 위해서는, 바다 생물에 대한 체계적이고 지속적인 모니터링이 필요하다.

기후변화의 가장 큰 피해자는 기후변화를 일으키는 데 거의 책임이 없는 자연생태계의 동물과 식물들이다. 특히 이동 능력이 거의 없는 식물은 한자리에 서서 기후변화의 피해를 그대로 감당해야 한다. 동물들 역시 기후변화로 인해 생리적 스트레스를 받아 성장 속도가 느려지고, 심한 경우 번식에 장애가 생겨 종을 유지하지 못하고 사라지기도 한다. 기후변화로 동식물이 사라지면 생태계의 균형과 조화가 무너지고, 이는 결국 인간 생태계의 위기와도 직결될 수 있다. 따라서 기후변화에 민감하게 반응하는 생태계의 변화를 꾸준히 관찰하고, 체계적으로 대응하는 노력이 필요하다.

온난화와 산호의 이동

>>>>>>>>>> 바다에 사는 이동성이 강한 물고기뿐만 아니라, 한곳에 자리 잡고 살아가는 정착성 생물들도 수온 변화에 민감하게 반응한다. 한반도 주변 해역에서 산호가 서식할 수 있는 한계값인 겨울철 수온 18℃ 등온선의 위치는 지난 30년 동안 약 100km 북쪽으로 이동했다.

이에 따라 아열대종 산호인 분홍바다맨드라미의 서식처는 제주도 남쪽 해역에서 제주 서쪽 해역까지 북상했고, 거품돌산호는 제주도 북부 바다에서 대규모 군락을 형성하고 있다. 과거에는 관찰되지 않던 빛단풍돌산호는 제주 남부 해역에 출현해 큰 군락을 이루었으며, 검붉은수지맨드라미는 제주에서 더 북쪽으로 이동해 부산 남형제섬 일대에 군락을 형성했다.

또한 해면맨드라미류는 전남 서해 가거도 일대에 국한되지 않고, 추자도 등 남해안으로 서식 범위를 넓히고 있다. 이러한 변화는 우리나라 해역이 아열대 산호초가 형성되는 초기 단계에 진입했음을 보여준다.

5장

기후변화를 막기 위한
인류의 노력

기후변화에 따른 사회경제적 손실은 어느 정도일까?

　앞으로 일어날 미래를 예측하는 일은 쉽지 않지만, 사람들은 앞날을 미리 알고 싶어 한다. 지구온난화가 계속된다면 지구의 미래가 어떻게 될 것인가 역시 우리의 중요한 관심사다. 대기 중 이산화탄소와 메탄 등 온실기체가 증가해 기온이 오르면 빙하가 녹고 대기 대순환에 변화가 생기면서 기후변화의 피해는 사회·경제 전반으로 확산된다. 기후변화가 많은 사람을 죽음에 이르게 할 수 있다는 극단적인 경고와 함께 질병 확산, 영양실조, 식수 부족, 사회·정치적 분열이 예상되며, 경제적으로는 수십조 달러 규모의 손실과 소득 감소가 발생할 것이라는 전망도 나온다.

　환경과학 분야에서 세계적으로 손꼽히는 싱크탱크인 독일 포츠

담기후영향연구소(PIK)는 앞으로 탄소 배출량을 급격히 줄이더라도 이미 배출된 온실기체의 영향으로 2050년까지 세계 경제 소득이 약 19% 감소할 것으로 예측했다. 전 세계적으로 매년 약 38조 달러(약 5경 5,000조 원)의 피해가 발생할 것으로 추산되며, 상황에 따라 최대 59조 달러에 이를 수 있다고 보았다. 국제사회가 탄소 배출량을 크게 줄이더라도 이미 배출된 온실기체로 인한 소득 감소는 2050년까지 불가피하다는 의견이다.

기후변화와 한국 경제 피해

기후변화로 인해 우리나라가 입게 될 사회 · 경제적 손실도 매우 클 것으로 보인다. 한국은행은 기후변화에 제대로 대응하지 못할 경우, 우리나라의 경제성장률이 해마다 낮아져 2100년쯤에는 국내총생산(GDP)이 예상보다 20% 이상 줄어들 수 있다고 경고했다.

또한 온실기체를 줄이기 위한 정책을 강화하지 않으면 경제성장률이 매년 약 0.3%포인트씩 하락할 것으로 분석했다. 이렇게 되면 기후 위기와 인구 감소 문제가 함께 나타나면서, 현재 세계 12위권인 우리나라의 경제 순위가 2050년경에는 15위권 밖으로 밀려날 가능성도 있다.

세계자연기금의 분석에 따르면, 기후변화와 생태계 파괴를 그대로 둘 경우 우리나라는 2050년까지 최소 100억 달러, 우리 돈으로 약 12~14조 원의 경제적 손실을 입을 것으로 예상된다.

전 세계 120여 개 이상의 중앙은행과 금융감독기구가 참여하는 국제 협의체인 녹색금융협의체(NGFS)는 기후변화로 인한 금융 위협을 관리하고 금융시스템을 친환경적으로 전환하기 위해 2017년에 설립되었다. NGFS는 2050년까지 기후변화로 인한 물리적 위험 때문에 전 세계 국내총생산(GDP)의 약 15%가 감소할 수 있다고 전망했다.

또한 유엔환경계획(UNEP)은 현재와 같은 시스템이 유지될 경우 2050년까지 세계 GDP가 최대 4% 감소할 것이라고 경고했다. 세계경제포럼(WEF) 보고서에 따르면 보건 분야에서만 약 12조 5,000억 달러(약 1경 6,818조 원)에 달하는 경제적 손실이 발생할 수 있다고 밝혔다.

자연계에서는 하나의 현상이 하나의 결과만을 낳는 것이 아니라, 상황에 따라 도미노처럼 연쇄적인 변화를 일으키기도 한다. 지구시스템의 균형이 깨지면 기상이변이 이어지고, 결국 사람이 살기 힘든 환경으로 바뀌게 된다. 지구는 어느 정도의 자기조절 능력을 가지고 있어 한순간에 매우 큰 변화가 일어나지는 않겠지만, 만약 그 한계를 넘어서게 된다면 어떤 일이 벌어질까? 이는 우리가 궁금해하는 문제이지만, 아직 밝혀야 할 내용이 많아 쉽게 정답을 말하기는 어렵다. 여러분이 이러한 질문에 답할 수 있는 전문가로 성장해, 기후변화를 극복할 해답을 제시하는 사람이 되기를 기대한다.

기후변화가 대한민국에 미칠 분야별 영향

유럽기후재단^(CMCC)의 G20 기후위험지도는 주요 20개국에 미치는 기후변화의 영향을 과학적 예측을 바탕으로 종합한 객관적인 자료다. 이 지도는 기후변화가 한국의 기후, 농업, 산림, 도시, 경제, 건강, 해양 등에 미치는 영향도 함께 분석했다.

우리나라는 1985~2014년 대비 2050년^(2036~2065)을 기준으로, 비관적인 시나리오에서는 2050년대에 평균기온이 2~3℃까지 상승할 것으로 예상했으며, 낙관적인 시나리오에서는 2.5℃ 미만의 온도 변화가 있을 것으로 예측했다. 강수량 역시 약 10% 내외로 증가할 것으로 보았다.

1990년대 후반 이후 돌발 홍수는 가장 자주 발생하는 자연재해가 되었으나, 계절별 강수는 더욱 불규칙해졌다. 그 결과 한국은 1970년 이후 5~7년 주기로 가뭄을 겪어 왔으며, 여러 지역에서 강수 편차가 커지면서 국지적 가뭄이 점점 더 심각해졌다. 미래에는 특히 봄과 겨울철 가뭄 현상이 여러 지역에서 더욱 심화될 것으로 전망된다.

삼림은 대기 중에서 연간 약 60Gg^(1Gg=1,000t)의 이산화탄소를 제거하고 있으며, 그 흡수량은 계속 증가하는 추세다. 이에 따라 2050년에는 삼림의 이산화탄소 총 저장량이 약 1기가톤에 이를 것으로 예상된다. 이처럼 삼림은 한국의 중요한 이산화탄소 흡수원이다.

한국의 도시는 대부분 1960~1980년 사이의 짧은 기간에 형성되었으며, 도시화 비율은 1960년 30% 미만에서 1990년대에는 거의 80%까지 증가했다. 2020년 기준으로 한국 인구의 약 80%가 도시에 거주하고 있으며, 2050년까지 도시화 비율은 86.6%로 증가할 것으로 본다. 1970년대 이후 한반도에서는 폭염의 빈도, 강도, 지속성이 꾸준히 증가해 왔고, 열대야 발생 빈도 역시 늘어났다. 특히 대도시와 수도권 지역에서 폭염과 열대야 증가가 두드러졌다.

한국의 경제 지표 가운데 생산액을 해당 연도의 시장가격으로 평가해 물가 상승분을 반영한 명목 국내총생산(GDP)은 G20 국가 가운데 13위 수준으로 평가된다.

벼의 생산성은 전반적으로 조생종은 증가하는 경향을 보이는 반면, 중생종과 만생종은 다소 감소할 수 있다. 쌀 생산성은 온난화와 재배 조건 변화에 따라 북부 지역에서는 대체로 증가하고, 남서부 지역에서는 감소할 것으로 전망된다. 기후변화는 미래 쌀 생산성과 식량 작물의 품질에 부정적인 영향을 미칠 가능성이 크며, 겨울 작물인 보리에는 상대적으로 긍정적인 영향을 줄 것으로 보인다. 과일과 채소 재배에 적합한 지역은 점차 북쪽으로 이동하고, 남쪽의 섬 지역은 열대 과일 재배에 더 알맞은 환경이 될 것으로 예상된다.

한국의 평균기온은 지난 세기 동안 약 1.5℃ 상승했다. 온난화, 폭염, 불규칙한 강수량 증가는 열 관련 사망과 말라리아와 같은 매개체 매개 질병 등 건강 위험을 높일 것으로 보인다. 한국에서는 기온이 1℃ 상승할 때마다 사망 위험이 약 5% 증가하며, 폭염 기간의 사망 위험은 평상시보다 약 8% 높아진다. 특히 온도 상승은 75세 이상 고령자와 만성 질환 환자의 사망 위험을 크게 높이는 요인으로 작용한다.

21세기 말에는 바닷물의 온도 상승 폭이 2~5℃에 이를 것으로 전망된다. 우리나라 주변 바다도 점차 열대화되면서 기존 어종의 어획량은 감소하고, 열대성 어종의 비중은 증가할 가능성이 크다.

지난 세기 동안 우리나라 해안 주변에서는 해수면 상승이 관측되었으며, 1990년대 이후 연평균 약 2.4mm씩 상승해 왔다. 지난 40년간 해수면은 약 10cm 상승했으며, 1989~2017년 기간에는 연평균 2.9mm의 상승률을 보였다.

최신 IPCC 전망에 따르면 2050년까지 해수면은 0.18~0.23m 상승할 것으로 예상되며, 실질적인 온실기체 감축과 완화 조치가 이루어지지 않을 경우 21세기 말에는 해수면이 약 1m 내외까지 상승할 수 있다고 예측했다. 한국에서 해수면이 1m 상승할 경우, 총 피해 비용은 약 600억 달러에 이를 것으로 추정된다.

개인과 기업의 노력과 정부 정책, 무엇이 먼저일까?

국제사회는 우리나라가 기후변화에 어떻게 대응하고 있다고 평가할까. 저먼워치(German Watch), 뉴클라이밋 연구소(New Climate Institute), 유럽기후행동네트워크(CAN Europe)는 탄소 배출이 많은 국가를 중심으로 온실기체 배출(40%), 재생에너지(20%), 에너지 사용(20%), 기후 정책(20%)의 네 가지 기준을 바탕으로 국가별 기후 완화 성과를 평가하고 있다. 기후변화대응지수(CCPI) 2026 보고서에 따르면 한국은 조사 대상 67개국 가운데 63위를 기록해 기후 대응 성적이 꼴찌에 가까운 수준으로 평가됐다.

G20 국가들은 전 세계 온실기체 배출량의 약 74~75%를 차지하고 있다. 이 가운데 중국, 인도, 인도네시아, 사우디아라비아, 대한민국, 멕시코, 튀르키예 등은 온실기체 배출량이 계속 늘고 있는 나라들이다. 반면 유럽연합(EU) 회원국(독일, 프랑스, 이탈리아 등)과 영국, 미국, 캐나다, 호주, 일본 등은 온실기체 배출량이 줄어들었거나 더 이상 크게 늘지 않는 단계에 들어섰다.

대한민국은 전 세계에서 온실기체를 많이 배출하는 나라 중 하나로, 약 10~13위권에 해당한다. OECD 회원국 가운데서는 4~6위 수준으로 배출량이 매우 높은 편이다. 또한 우리나라 국민 한 사람이 배출하는 온실기체 양은 약 11~13톤으로 세계 23위 수준이며, 전 세계 평균보다 약 3배 많다.

　화석연료 사용 증가와 삼림 파괴로 지구온난화 문제가 심각해지면서 재생에너지가 중요한 대안으로 주목받고 있다. 재생에너지는 재생이 가능하고 오염 물질과 이산화탄소 배출이 적은 친환경 에너지다. 그러나 2024년 기준 세계 평균 신재생에너지 비율이 약 32%인 데 비해, 우리나라는 약 10% 수준에 그쳤다.

　노르웨이와 아이슬란드는 이미 100%에 가까운 재생에너지 전력망을 갖추고 있으며, 이탈리아(21.2%), 독일(20.3%), 영국(15.3%) 등도 우리나라보다 높은 비율을 보인다. 우리나라의 신재생에너지 구성 비

신에너지와 재생에너지

신에너지(new energy)는 기존 연료를 새로운 기술로 바꾸거나 화학 반응을 통해 에너지를 얻는 기술 집약적 에너지로, 수소, 연료전지, 석탄 액화·가스화 등이 이에 해당한다. 재생에너지(renewable energy)는 햇빛, 바람, 물, 지열 등 자연에서 얻을 수 있는 지속 가능한 에너지로, 태양광, 풍력, 수력, 조력, 파력, 바이오매스, 폐기물 에너지, 지열 등이 포함된다.

신에너지는 기술을 통해 에너지를 변환한다는 점에서, 재생에너지는 자연 그 자체의 에너지를 활용한다는 점에서 차이가 있다. 신재생에너지는 기술 개발이 필요한 신에너지와 자연 에너지원에 기반한 재생에너지를 모두 포함하는 개념이다.

율은 태양광 51.8%, 바이오 19.8%, 연료전지 11.8%, 수력 6.8%, 풍력 5.3% 순이다.

글로벌 에너지 싱크탱크 엠버(Ember)의 〈2025 글로벌 전력 리뷰〉에 따르면, 2024년 전 세계 전력 생산에서 온실기체 배출이 없는 '청정 전원'이 차지하는 비중은 40.9%로 집계되어 역사상 처음으로 40%를 넘었다. 여기서 청정 전원은 수력(14%), 원자력(9%), 풍력(8%), 태양광(7%), 바이오에너지·지열·조력 등 기타 신재생에너지(3%)를 포함한다. 우리나라의 전력 생산 구성은 원자력(31.7%), 석탄(28.1%), 천연가스(28.1%), 신재생에너지(10.5%) 등으로 나타났다. 전 세계 발전량 가운데 신재생에너지 비중이 약 30%에 이르는 데 비해, 한국은 세계 평균의 3분의 1 수준에 불과하다.

선진국은 기후변화에 대응하여 어떤 활동을 하고 있을까? 이미 2010년 국제 환경단체 그린피스는 온실기체 배출량을 줄이기 위해 애플, 마이크로소프트, IBM, 페이스북 등 IT 분야 대표 기업의 데이터센터 전력을 신재생에너지로 전환할 것을 요구했다. 최근에는 AI(인공지능)와 인터넷 산업이 빠르게 성장하면서 정보통신 기업의 데이터센터가 소비하는 전력량도 크게 늘었다.

국제에너지기구(IEA)에 따르면 2024년 기준 전 세계 데이터센터의 총 전력 소비량은 약 415TWh(테라와트시)로, 이는 전 세계 총 전력 소비량의 약 1.5%에 해당한다. 이 수치는 일본의 연간 전력 소비량과 비슷한 수준이다. 2024년 기준 데이터센터 전력 소비 비중은 미국(45%), 중국(25%), 유럽(15%) 순이었다.

지난 5년간 데이터센터의 전력 소비는 연평균 약 12%의 빠른 증가세를 보였는데, 이는 전체 전력 소비 증가율보다 4배 이상 빠른 속도다. IEA는 이러한 추세가 이어질 경우 전 세계 데이터센터의 전력 소비량이 2030년까지 약 945TWh에 이를 것으로 전망했다. 전력 수요 폭증에 대응하기 위해 마이크로소프트, 구글 등 빅테크 기업들은 에너지원 다변화에 나서 안정적인 전력 공급을 위해 원자력 발전(소형모듈원전, SMR 포함)과 신재생에너지 인프라에 직접 투자하고 있다.

AI와 한국 미래 전력 수요

AI 시대에 들어서면서 우리나라 데이터센터의 전력 사용량이 빠르게 늘어나고 있다. 국내 데이터센터 전력소비량은 2021년 약 7.91TWh에서 2030년에는 19.4TWh로 두 배 이상 증가할 것으로 예상된다. 이로 인해 데이터센터가 국내 전체 전력소비에서 차지하는 비중이 커지면서 전력망에 큰 부담을 주고 있다. 특히 AI 데이터센터는 기존보다 랙(Rack) 하나당 10배 이상 많은 전력을 사용하며, 새로 늘어나는 수요만으로도 원자력발전소 약 20기 규모의 전력이 수도권에 추가로 필요하다. 이처럼 AI 기술이 발전할수록 데이터센터의 전력 수요가 급격히 증가하고 있어, 전력 공급을 안정적으로 유지하기 위한 정부와 산업계의 대책 마련이 시급하다.

우리는 인터넷으로 정보를 검색하고, 영화를 보고, 게임을 하며, 이메일을 주고받는다. 이 과정에서 사용되는 문서, 사진, 영상 등 모든 디지털 정보는 데이터센터에 저장되며, 이를 운영하기 위해 막대한 전력이 24시간 사용된다. 디지털 서비스는 종이보다 친환경적으로 보일 수 있지만, 지속적으로 전기를 소비하기 때문에 결과적으로 많은 탄소를 배출하게 된다.

탄소발자국은 개인이나 단체가 직·간접적으로 배출하는 온실기체의 총량을 의미하며, 우리가 일상생활 속에서 얼마나 많은 탄소를 배출하는지를 한눈에 보여주는 지표다. 현대의 디지털 사회에서 가장 두려운 존재는 해커나 정보 독점을 통해 사회를 통제하는 관리 권력, 즉 '빅 브라더(Big Brother)'가 아니라, 인류의 생존을 위협하는 지구온난화라는 기후변화를 일으키는 탄소발자국일지도 모른다.

오늘날과 같이 지구온난화가 계속된다면, 기후변화 시나리오와 관계없이 한반도의 기온과 강수량은 증가할 것이다. 미래의 기후변화는 더 이상 가능성에 머무는 현상이 아니라, 피할 수 없는 예측 가능한 현실이 되었다. 정부는 전력 등 에너지 수요에 맞는 공급 대책을 마련하고, 기후변화의 속도와 상황에 대응하는 정책을 수립해야 한다. 이러한 준비가 부족할 경우 사회·경제적 피해는 물론 인명 피해로까지 이어질 수 있다.

기업은 에너지 효율을 높이고 신재생에너지 사용을 확대하는 등

환경친화적 경영을 통해 경쟁력을 키우고 소비자의 신뢰를 얻어야
한다. 또한 국민도 일상생활에서 에너지와 자원 사용을 줄이며, 기후
변화 완화를 위한 친환경적인 생활 습관을 실천할 필요가 있다.

일주일에 햄버거를 한번 덜 먹고, 옷을 한 번만 덜 사면

　매일 먹는 식사는 그 자체로 즐거움이기도 하고, 활기찬 하루를 보
내기 위해서도 꼭 필요한 일이다. 그런데 내가 건강하게 살기 위해
먹는 식품이 때로는 기후와 환경에는 큰 부담이 되기도 한다. 유엔환
경계획(UNEP)은 기아, 에너지 빈곤, 기후변화를 극복하려면 육식 대
신 채식이 필수적이라고 밝혔다. 2050년에 전 세계 인구가 97억 명
이 되면 육류와 유제품 위주의 서구식 식단은 환경에 큰 부담이 된
다. 유엔 식량농업기구(FAO)도 "육식이야말로 환경문제를 일으키는
주범 가운데 하나이며, 기후변화에 맞서기 위해 개인이 할 수 있는
가장 영향력 있고 확실한 노력은 채식이다."라고 말했다.

　고기를 덜 먹는 것이 승용차를 타지 않는 것보다 기후변화 대응에
더 효과적이라는 주장도 있다. 일주일에 한 번만 햄버거를 먹지 않아
도 자가용으로 512km를 달릴 때 배출되는 온실기체의 양을 줄일 수
있다는 것이다. 사람의 몸에 좋은 음식의 종류를 명확히 구분하기는

쉽지 않지만, 일반적으로 채식은 육식에 비해 건강하고 환경적으로도 이롭다는 평가가 많다.

채식주의자의 식단에는 섬유질, 비타민 A · C · E, 티아민, 리보플라빈, 칼슘, 마그네슘, 철분, 폴산염 등이 훨씬 풍부하다. 채식주의자가 섭취하는 단백질의 양은 성인 권장량을 넘는 수준이며, 비타민 A, E, 마그네슘 등 일부 영양소는 일반인의 권장량보다 적게 섭취할 수 있으나 채식을 많이 할수록 섭취율이 높아진다. 동물성 식품을 전혀 섭취하지 않는 비건은 육식을 하는 사람이나 유제품과 달걀을 섭취하는 부분 채식주의자보다 철분 섭취율이 높은 것으로 나타났다. 미국 농무성(USDA)은 필수 영양소를 골고루 섭취하기 위해 식단의 최소 절반은 채소와 과일로, 25%는 곡류로, 나머지 4분의 1은 단백질 공급원으로 채울 것을 권장했다.

영국 민간단체 메이킹 로컬 푸드 워크(Making Local Food Work)의 〈로컬 푸드와 기후변화 – 커뮤니티 푸드 기업〉 보고서에 따르면, 지역 내에서 생산되는 재료를 이용한 음식인 로컬 푸드를 적극적으로 소비하는 것은 기후변화에 대응하는 데 효과적이다. 지역에서 생산된 식품은 생산, 제조, 유통, 판매, 소비 과정에서 먼 거리를 이동한 상품보다 온실기체 배출량이 적다. 로컬 푸드는 소비자가 지역에서 생산된 제철 농산물을 먹도록 돕는 동시에 다양한 먹거리를 접하게 하여 육류 소비를 줄이는 데에도 기여한다. (그림 12)

〈그림 12〉 미국 캘리포니아 플라서빌 마을의 로컬 푸드 마켓

채식의 종류

>>>>>>>>>> 소고기 1kg을 생산하는 데에는 사료용 곡물 7~14kg이 필요하다. 따라서 육식 위주의 식생활이 확산될수록 사료용 곡물의 소비량이 늘어나고, 그 결과 사람이 직접 먹을 수 있는 곡물은 줄어들어 식량 위기는 더욱 심각해질 것이다. 사람의 몸에 좋은 음식의 종류를 명확히 가리기는 쉽지 않으나, 일반적으로 채식은 육식에 비해 건강하고 환경적으로도 이롭다는 평가를 받는다.

채식하는 사람(vegetarian)은 식물성 재료와 채소만 먹는 비건(Vegan), 달걀은 먹는 오보(Ovo), 유제품은 먹는 락토(Lacto), 달걀과 유제품을 모두 먹는 락토 오보(Lacto Ovo)로 나뉜다. 절반의 채식을 하는 사람(semi-vegetarian)에는 식물성 식품과 함께 유제품, 달걀, 어류를 먹는 페스코(Pesco), 유제품 · 달걀 · 조류 · 어류를 먹는 폴로(Pollo), 평소에는 비건이지만 상황에 따라 육식도 하는 플렉시테리안(Flexitarian) 등이 있다.

한국의 채식 인구는 건강, 환경 보호, 동물 윤리 등 다양한 이유로 빠르게 증가하는 추세다. 한국채식연합에 따르면 국내 채식 인구는 2008년 15만 명에서 2022년 약 200만 명으로 크게 늘었으며, 2024년 현재는 약 250만 명 수준으로 추정된다. 국내 채식 식품 시장 규모도 2023년 기준 연평균 18.4%의 높은 성장률을 기록하며 빠르게 확대되고 있다.

음식을 준비하고 먹고 난 뒤에 생기는 음식물 쓰레기도 큰 문제다. 유엔 식량농업기구(FAO) 등 여러 자료에 따르면 전 세계적으로 매년 약 10억 톤 이상의 먹을 수 있는 음식이 음식물 쓰레기로 버려지며, 이는 전 세계에서 생산하는 식량의 약 19%에 해당한다. 이를 가치로 환산하면 약 1조 달러(약 1,000조 원 이상) 규모다. 이로 인해 막대한 온실기체가 발생하고, 전 세계 8억 명 이상이 굶주리는 심각한 도덕적·환경적 문제가 발생한다. 전 세계 농지의 약 30%에서 생산된 식품 재료가 쓰레기가 되는 셈이다.

우리나라를 비롯한 부유한 나라들에서는 필요한 양보다 많은 식품을 조리해 먹지 않고 버리는 일이 많아, 전 지구적으로 식량 부족을 부추기고 에너지를 낭비하며 쓰레기 증가라는 문제를 낳는다. 우리가 국제 곡물시장에서 구입하는 식량의 양을 줄이면 곡물 가격이 안정되어, 기아로 고통받는 나라들도 보다 합리적인 가격에 식량을 구매할 수 있을 것이다. 나부터 음식을 남기지 않고 먹는 식생활 습관을 실천할 필요가 있다.

입던 옷을 의류 재활용 수거함에 넣으면 누군가 버린 옷을 재활용할 것이라 생각하며 거리낌없이 버리기 쉽다. 그러나 우리가 버린 옷은 극히 일부만 재활용되고, 대부분은 개발도상국으로 보내지거나 쓰레기로 폐기된다. 개발도상국으로 수출된 중고 의류는 현지 의류 산업 구조를 무너뜨리고 수질과 토양 오염을 일으키는 심각한 환경 문제가 된다. 한국에서도 매년 수만 톤의 의류 폐기물이 발생하지만 재활용률은 낮고, 버려진 옷이 결국 개발도상국으로 넘어가 현지 환경을 악화시키는 상황이 반복되고 있다.

옷 쓰레기 문제가 커지는 가장 큰 이유는 패스트 패션으로 인한 과도한 소비와 끊임없는 옷 생산, 그리고 낮은 재활용률 때문이다. 값싼 옷을 사서 몇 번 입고 버리는 소비 방식은 많은 의류 폐기물을 만들고, 이로 인해 온실기체 배출, 미세플라스틱 증가, 토양·강물·바다 오염 같은 환경 문제가 생긴다. 또한 새 옷을 만들기 위해서는 식물을 기르고 가축을 키우는 과정에서 많은 물과 땅, 에너지와 화학물질이 필요하다. 이런 자원 사용은 기후변화를 더 빠르게 만들고 환경에 큰 부담을 준다. 그래서 무작정 유행을 따라가기보다 오래 입을 수 있는 옷을 선택해 오래 입는 것이 기후변화를 막고 환경을 지키는 중요한 첫걸음이다.

여섯 번째 지구 대멸종을 막아라

기후변화는 생물다양성에도 큰 영향을 끼치고 있다. 정부 간 생물다양성 및 생태계 서비스 과학정책플랫폼(IPBES)에 따르면 2019년 기준으로 약 800만 종의 동식물 가운데 약 100만 종이 멸종 위기에 놓여 있으며, 이 가운데 상당수는 수십 년 내에 사라질 수 있다고 경고했다. 세계자연기금(WWF)의 《지구생명보고서(Living Planet Report)》에 따르면 1970~2020년 사이 모니터링 대상 야생 척추동물(포유류, 조류, 양서류, 파충류, 어류)의 개체군 규모는 평균 약 73% 감소했다. 현재의 생물 멸종 속도는 지난 1,000만 년 동안의 평균보다 10~100배 더 빠르며, 그 속도 또한 계속 빨라지고 있어 현대를 '여섯 번째 대멸종 시기'로 부르고 있다.

기후변화는 생물다양성 손실의 주요 원인 가운데 하나로, 전 세계 해양과 육상 생태계에서 지역적 멸절과 집단 폐사를 초래하고 있다. 기온이 1℃ 상승할 때마다 멸종 위험은 기하급수적으로 증가하며, 기후변화만으로도 현재 존재하는 종의 약 8%가 사라질 수 있다는 분석도 있다. 일부 생물학자들은 기후변화로 인해 2050년까지 야생 동식물의 약 35%가 멸종 위기에 처할 것으로 추정한다. 생물다양성을 위협하는 요인으로는 기후변화와 함께 서식지의 교란과 파괴, 무분별한 포획 등 세 가지가 특히 중요하다고 알려져 있다.

생물종이 감소하는 또 다른 이유는 인간을 위한 생태계 서비스 제공에 사용되는 공간을 환산한 '생태 발자국'이 증가했기 때문이다. 생태 발자국은 한 사람의 일상생활이 자연생태계에 미치는 영향을 토지 면적으로 환산한 지표로, 그 수치가 클수록 생태계 훼손 정도가 크다는 것을 의미한다.

한국의 생태발자국

세계자연기금(WWF)의 2025년 기준 자료에 따르면 한국의 1인당 생태발자국은 약 5.7gha(글로벌 헥타르)로, 한국인 1명이 생활하는 데 필요한 생태 자원 면적이 약 5.7헥타르에 달한다. 이는 한국의 1인당 생태 용량인 0.7gha의 약 8.4배에 해당하는 수준으로, 한국인이 생태적 한계를 크게 초과해 과소비하고 있음을 보여준다.

한국의 총 생태발자국 규모는 전 세계 14위 수준이며, 1인당 생태발자국 순위는 149개국 가운데 29~31위권으로 독일이나 일본보다 높은 것으로 나타났다. 만약 전 세계 인구가 한국인과 같은 방식으로 생활한다면, 인류는 매년 약 3.3개의 지구가 필요할 것으로 추정된다.

지구 자원 고갈의 날(Earth Overshoot Day)은 인류가 천연자원을 얼마나 과도하게 사용하고 있는지를 보여주는 지표다. 지금과 같은 방식으로 자원을 소비할 경우, 지구가 1년 동안 재생할 수 있는 자원을 언제 모두 소진하게 되는지를 날짜로 나타낸 것이다.

최근 지구 자원 고갈의 날은 해마다 점점 앞당겨지고 있으며, 이는 인류가 지구에 지속적인 압박을 가하고 있음을 보여준다. 이러한 자원 고갈은 시간이 지남에 따라 누적적인 피해를 초래해 기후변화와 환경 악화를 더욱 심화시킬 수 있다.

대한민국은 전 세계에서 자원 소비량이 많은 국가 가운데 9번째

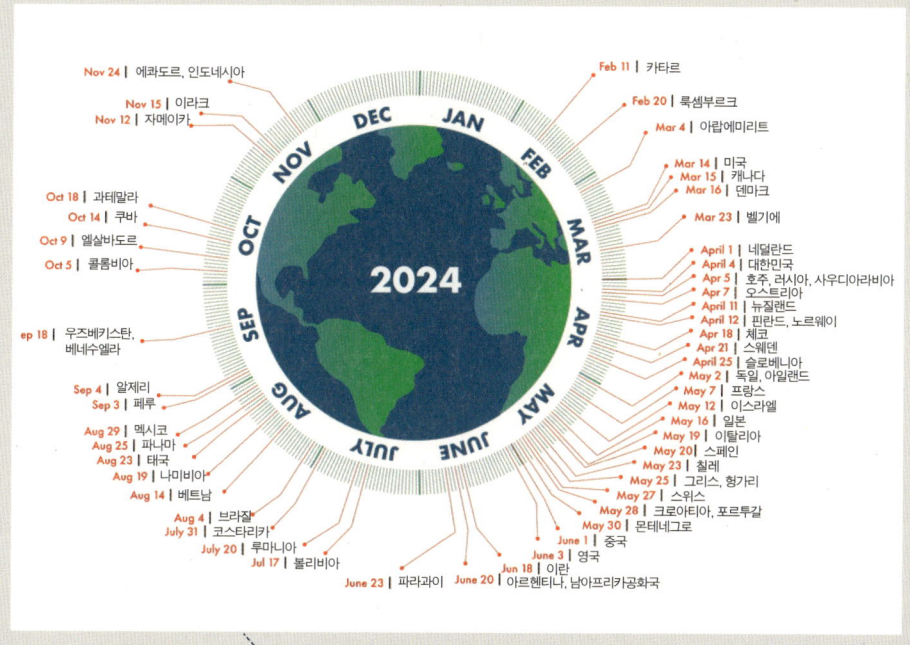

〈그림 13〉 2024년 기준 지구 자원 고갈의 날

로, 자원 부족을 가속화하고 기후변화와 환경오염을 부추기는 나라로 평가되었다.^(그림 13)

46억 년에 이르는 지구 역사 동안 지금까지 지구상에서는 다섯 번의 대멸종이 있었다. 약 35억 년 전 최초의 생명체가 지구에 등장한 이후 수많은 종이 생겨났지만, 이들 가운데 약 99%는 이미 자취를 감추었다. 특히 약 4억 4,500만 년 전 일어난 첫 번째 대멸종에서는 전체 생물의 절반이 사라졌고, 가장 심각했던 세 번째 대멸종^(약 2억 5,000만 년 전)에서는 전체 생명의 95%가 멸종했다. 마지막으로 약 6,500만 년 전 발생한 다섯 번째 대멸종 때에는 공룡이 지구상에서 사라졌다.

지금까지의 다섯 차례 대멸종은 모두 자연적인 원인으로 발생했다. 그러나 오늘날에는 인간의 활동이 생물의 여섯 번째 대멸종을 부추기고 있어 문제가 되고 있다. 여섯 번째 대멸종의 신호 가운데 하나로는 온실기체 증가와 숲의 파괴로 인한 지구온난화를 들 수 있다. 현재 지구의 평균기온은 19세기보다 약 1℃ 상승했다. 지금보다 기온이 1.6℃ 더 오르면 지구 생명체의 약 18%가 멸종할 수 있으며, 2℃가 오르면 빙하가 급격히 사라지고, 3.5℃가 상승하면 해수면이 약 7m 높아져 많은 나라가 바닷물에 잠기게 된다. 더 나아가 기온이 6℃ 이상 상승할 경우 대멸종이 완성되어 인류의 생존 자체가 위협받는 대재앙이 올 수 있다는 전망도 제기되고 있다.

생물다양성을 보호하고 기후변화를 완화하기 위해서는 국경을 넘어 국가들 간의 협력과 노력이 필요하다. 생물다양성(Biodiversity)은 생물의 유전자(gene) 다양성, 종(species) 다양성, 생태계(habitat) 다양성을 모두 포함하는 개념이다. 위기에 처한 생물종의 다양성을 유지하기 위해서는 보전 대상 생물을 원래의 서식지 안에서 보호하는 현지 내 보전과 함께, 수목원이나 식물원과 같은 보다 안전한 서식지 밖에서 생물종을 보호·증식한 뒤 다시 본래의 서식지로 되돌리는 현지 외 보전 전략이 동시에 필요하다.

기후변화와 국가, 기업, 개인이 할 일

기후변화와 생태계 소실과 같은 환경 문제는 어느 한 사람이나 집단만이 해결할 수 있는 문제가 아니다. 국가, 기업, 개인이 함께 책임을 나누고 협력해야 해결할 수 있다. 날씨는 자연의 법칙에 따라 만들어지기 때문에 정확하게 예측하기 어렵고, 인위적으로 조절하는 것도 쉽지 않다. 만약 기후가 자연적인 원인에 의해서만 결정된다면 어느 정도 예측이 가능할 수 있다. 그러나 인간 활동과 같은 인위적인 요인이 기후 시스템에 큰 영향을 미치면서 대기의 복잡한 상호작용을 이해하기가 점점 더 어려워지고 있다. 그 결과, 기후변화를 예측하고 이에 적응하는 일도 점점 힘들어지고 있다.

국가는 개인이나 기업이 혼자 해결하기 어려운 기후변화 문제에 대응하기 위해 정책과 제도를 마련하는 중요한 역할을 한다. 또한 관련 과학기술을 발전시키고, 다른 나라들과 협력할 책임도 있다. 온실기체를 줄이기 위해서는 산업 현장과 일상생활에서 실천할 수 있는 정책이 필요하다. 국가가 이런 정책을 제도로 만들어 모두가 함께 참여하도록 한다면, 미래 세대에게 더 안전하고 깨끗한 자연환경을 물려줄 수 있을 것이다.

지구공학(Geoengineering)

최근 지구온난화와 기후변화 문제를 전 지구적인 규모에서 조절하고 통제하려는 지구공학 기술이 논의되고 있다. 지구공학 가운데 하나인 태양 복사 관리(SRM)는 성층권에 에어로졸을 뿌리는 등의 방법으로 햇빛을 더 많이 반사해 지구의 온도를 낮추려는 기술이다. 또 다른 방법인 이산화탄소 제거(CDR)는 대기 중에 있는 이산화탄소를 직접 줄이기 위해 대규모로 나무를 심거나, 탄소를 포집해 저장하는 기술을 말한다.

이러한 지구공학 기술은 기후변화를 완화할 가능성이 있지만, 예상하지 못한 부작용이나 윤리적인 문제 등 여러 한계도 함께 가지고 있다. 따라서 지구공학 기술을 실제로 적용하기 위해서는 신중한 검토가 필요하며, 정부·산업계·학계가 함께 협력해 안전성을 높이고 현실에 맞게 활용 방안을 마련해야 한다. 이는 개인이 아닌 국가 차원에서 책임지고 추진해야 할 중요한 과제이다.

기업이 추구하는 가장 큰 목표는 이윤 창출이다. 그러나 사회적으로 존경받는 기업들은 친환경적인 경영을 통해 소비자의 신뢰를 얻고, 사회와 상생하며 오랫동안 성장해 왔다. 기업은 단기간에 많은 이익을 남기는 데서 그치지 않고, 환경·사회적 책임·지배구조(ESG) 경영에 진정성을 가지고 있다는 평가를 소비자에게 받을 때 국내외에서 경쟁력을 갖춘 기업으로 발전할 수 있다.

개인 역시 기후변화 문제와 관련해 해야 할 일이 있다. 먼저 "왜 기후변화가 발생하는가?"라는 원인을 이해하고, "기후변화가 자연과 생태계에 어떤 영향을 미치는가?"를 체계적으로 배우고 알아야 한다. 이를 바탕으로 변화하는 기후에 적응하면서도 친환경적인 생활 습관을 실천해, 지구시스템에 주는 부담을 줄일 방법을 스스로 찾아 나서야 한다.

사람들은 무더위, 강추위, 가뭄, 폭우, 태풍, 잦은 황사와 미세먼지 등 과거와 달라진 기후가 자신의 삶에 미치는 영향에는 큰 관심을 보인다. 특히 기후변화로 피해를 입게 되면 매우 민감하게 반응한다. 그러나 정작 자신이 기후변화를 일으키는 행동을 했는지 되돌아보고, 잘못된 생활 습관을 고치며 문제 해결에 나서는 데에는 소극적인 경우가 많다. 우리가 지금 겪고 있는 기후변화의 부작용은 과거에 우리가 무심코 했던 행동들이 시간과 공간을 달리해 부메랑처럼 되돌아온 결과일 수 있다. 모든 일에는 원인이 있고, 그에 따른 결과가 나타난다는 사실을 인식해야 한다.

개인과 기업, 정부, 그리고 국제사회의 노력이 함께 모인다면 머지않아 기후변화로부터 자유로운 청정한 자연을 다시 볼 수 있을 것이다. 이제는 스스로를 기후변화의 피해자라고만 생각하기보다, 기후변화를 부추기는 원인제공자(가해자)임을 인식해야 한다. 나의 의식주와 여가 활동 등 일상이 기후에 어떤 영향을 미치는지 되돌아보고, 기후변화를 줄이기 위한 실천에 적극적으로 나서야 한다.

기후변화를 포함한 환경 문제에서는 '아는 것'보다 '실천하는 것'이 더 중요하다. 쾌적한 공기와 맑은 물, 아름답고 풍요로운 자연 생태계를 앞으로도 계속 누리기 위해서는 다른 누구도 아닌 나 자신부터 일상생활 속에서 환경에 부담을 주고 있지는 않은지 돌아보고, 친환경적인 생활 태도를 실천하며 기후변화 문제 해결에 동참해야 한다.

나가는 말

　기후변화를 비롯한 환경오염과 자연환경 파괴는 시간과 공간을 가리지 않고 사람들의 삶에 불편을 주거나 물질적·정신적 피해를 준다. 지구온난화, 폭염, 가뭄, 홍수, 미세먼지, 수질오염, 소음 등 환경 변화로 일상에서 어려움이나 손해가 발생하면 사람들은 불평을 하며 피해자 입장에서 원인 제공자를 찾아 비난하곤 한다. 그러나 다시 생각해 보면, 우리 주변에서 일어나는 기후변화와 생물다양성 소실 같은 환경 문제는 우리의 생활과 활동과 직·간접적으로 연결되어 있음을 알 수 있다. 다만 자신의 행동과 환경 사이의 관계를 관심을 가지고 체계적으로 따져 보지 않았을 뿐이다.

　자연환경과 기후변화, 생태계를 공부하고 가르치면서 새로운 정보와 지식을 배우고 현장에서 경험하다 보니 작은 깨달음을 얻게 되었다. 그때부터 다른 사람이 만든 환경 문제를 탓하기보다, 나의 일상 활동이 지구시스템의 균형과 조화를 깨뜨리고 있지는 않은지 스스로 돌아보기 시작했다.

국민 음료라고 불릴 만큼 익숙한 커피에 대해 문제를 제기하는 것은 듣는 사람이 좋아하지 않을 수 있어, 나 역시 말을 꺼내기 쉽지 않은 주제였다. 오래전 강의 시간에 열대우림을 파괴하는 주요 원인 가운데 하나로 커피, 열대과일, 카카오 같은 경제 작물을 재배하는 대규모 농장의 현실과 문제점을 지적한 적이 있다. 그런데 정작 연구실로 돌아온 나는 아무렇지 않게 커피를 마시고 있었다. 그때부터 알고 있는 사실을 먼저 실천해야겠다는 마음으로, 그렇게 좋아하던 커피를 한 잔도 마시지 않은 지 어느덧 30년이 되어 간다.

열대와 아열대 지역에서 재배되는 커피는 적도 부근에 분포한 열대우림을 없애고 재배되는 대표적인 환금작물이다. 열대우림은 대기 중 이산화탄소를 흡수하고 열과 물의 순환을 조절해 '지구의 허파' 역할을 한다. 그러나 숲이 사라지면서 기후 시스템이 흔들리고, 지구온난화와 자연재해를 피하기 어려운 상황이 되었다. 커피 재배를 위해 경작지를 확보하는 과정에서 벌목이 이루어지면서 숲에 살던 생물들의 다양성은 급격히 줄거나 사라졌고, 기업 중심의 대규모 커피 농장은 토양을 척박하게 만드는 결과를 낳기도 했다. 심지어 해외로 수출할 기호식품을 재배하기 위해, 정작 그 지역의 주식인 쌀을 수입하는 상황까지 발생하고 있다.

굳이 이런 생각까지 하며 커피 한 잔에도 스트레스를 받아야 하느냐고 반문할 수도 있다. 그러나 나부터 작은 것부터 실천하지 않으면 누가 먼저 행동에 나설까? 불편한 진실을 외면하며 다른 사람이 먼저 바뀌기를 기다리는 태도는 기후변화 문제 해결에 도움이 되지 않는다. 그래서 나는 내가 먼저 바뀌어 보자는 마음으로 친환경적인 일상을 실천하기 시작했다. 물론 친환경적인 시도가 항상 성공적이었

커피의 마일리지

머나먼 아프리카, 남아메리카, 동남아시아에서 생산된 커피가 우리가 마시는 한 잔의 커피가 되기까지는 생산, 운반, 소비의 전 과정에서 많은 에너지가 사용된다. 이때 사용된 에너지를 거리로 환산한 것이 커피의 푸드 마일리지이다. 커피의 푸드 마일리지는 녹차나 오미자차와 같은 우리나라 차와 비교하면 매우 큰 편이다.

푸드 마일리지는 생산지에서 소비자의 식탁까지 이동한 거리(km)에 수송량(t)을 곱해 계산한다. 한국으로 수입되는 커피의 주요 생산지별 추정 이동 거리는 브라질 상파울루·산토스 약 18,300km, 콜롬비아 보고타 약 14,800km, 에티오피아 아디스아바바 약 9,200km, 베트남 하노이·호치민 약 2,700~3,600km이다. 2024~2025년 기준으로 한국의 주요 커피 수입국은 브라질, 콜롬비아, 베트남 순이다.

커피 원두를 배로 운송할 때보다 항공편으로 운송할 경우, 같은 거리라도 약 100배 더 많은 탄소가 배출된다. 한국의 1인당 연간 푸드 마일리지는 약 7,000t·km 이상으로, 일본이나 영국에 비해 매우 높은 수준이다. 특히 원유와 함께 수입 의존도가 거의 100%인 커피는 한국의 탄소발자국을 높이는 데 적지 않은 영향을 미치고 있다.

던 것은 아니다. 예전에 채식을 약 1년 정도 실천했지만 여러 이유로 중단한 적도 있다. 이후 다시 시작해 현재는 달걀과 유제품, 생선까지 먹는 느슨한 채식, 즉 페스코 채식을 약 5년째 이어오고 있다. 처음 비건으로 시작했던 때에 비하면 후퇴한 선택일 수 있지만, 나에게 맞는 방식으로 실천을 이어가고 있다. 다만 함께 식사하는 사람들이 부담을 느낄까 봐 미안한 마음이 들 때도 있다.

옷을 살 때도 환경에 부담을 주지 않도록 신중하게 선택한다. 유행을 좇기보다는 오래 입을 수 있는 품질 좋은 옷을 고른다. 지금도 35년 전에 구입한 양복과 코트를 입고 있다. 젊을 때 입던 옷을 계속 입다 보니 자연스럽게 몸 관리에도 신경을 쓰게 되었고, 옷맵시를 유지하는 즐거움도 얻게 되었다. 옷은 유행을 따르지 않아도 충분히 멋을 낼 수 있으며, 유행은 시간이 지나면 다시 반복되기 마련이다.

도시에서 자동차 통행량이 늘어나면 대기오염과 교통체증이 심해지고, 이로 인해 온실기체가 증가해 도시의 온도가 주변보다 높아지는 열섬현상이 나타난다. 이러한 사실을 알면서도 도시의 대기오염 문제는 쉽게 해결되지 않는다. 나는 잠깐의 편리함을 포기하고, 꼭 필요한 경우가 아니라면 약 20년 동안 승용차 대신 지하철로 출근했다. 교통체증이 에너지 낭비와 대기오염, 소음뿐만 아니라 기후변화와 자원 고갈까지 부추긴다는 사실을 알고 있었기 때문이다. 건강을 지키고 환경에 부담을 주지 않기 위한 선택이었다.

사람은 누구나 쉽고 편한 선택을 하려는 마음이 있다. 친환경 실천에 느슨해질 때마다 나는 내 행동으로 인해 누가 피해를 입을 수 있을지를 떠올린다. 내가 오랫동안 연구해 온 대상은 지구온난화로 큰 피해를 입는 고산대와 아고산대의 식물들이다. 빙하기에 추위를 피해 남하했던 고산식물들은 기후가 따뜻해진 뒤 높은 산꼭대기에 자리 잡았고, 지금은 섬처럼 고립된 채 살아가고 있다. 이 식물들은 아주 작은 기후변화에도 생존이 위협받는, 지구상에서 가장 취약한 생태계 구성원이다. 이런 식물들을 떠올리며 온난화를 부추기는 행동을 줄이겠다고 다짐하곤 한다.

"나 하나쯤이야 괜찮겠지"라는 생각으로 스스로를 예외로 두면, 기후변화 문제는 쉽게 해결되지 않는다. 말과 행동이 일치하는 삶을 살고, 나부터 친환경적인 행동을 실천하는 일은 쉽지 않다. 그렇다고 해서 거창한 용기나 큰 결단이 필요한 것도 아니다. 정말 좋아하는 것을 조금 내려놓고, 약간의 불편을 감수하며, 대가를 바라지 않고 미래 세대를 위해 행동해 보는 것이다. 다른 사람이 달라져 내가 혜택을 입기를 바라기보다는 내 스스로를 먼저 바꾸어 세상을 살 만한 공간으로 바꾸어 가는 것이 훨씬 빠르고 확실한 길이다.

이 책에서 다룬 기후변화 위기를 해결하기 위해, 나부터 실천할 수 있는 작은 행동 한두 가지를 정해 시작해 보면 어떨까? 작은 실천이 모이면, 변화는 생각보다 가까이 있을지도 모른다.

- **간빙기**(Interglacial period) : 빙하기와 빙하기 사이에 기후가 따뜻해지는 시기로, 빙하기 동안 남하했던 빙하가 다시 고위도로 물러나는 시기를 말한다. 지난 약 258만 년 동안의 플라이스토세(Pleistocene) 시대에는 이러한 빙하기와 간빙기가 여러 차례 반복되었다. 현재 우리는 약 11만 년 전부터 시작되어 약 2만 년 전 가장 추웠던 최후 빙기를 지나, 약 1만 2천 년 전부터 시작된 간빙기에 속해 있다.

- **공장식 축산**(Factory Farming) : 좁은 공간에서 많은 가축을 집중적으로 사육하는 방식이다. 이 과정에서 가축이 배출하는 메탄과 분뇨는 대기와 수질 환경을 악화시킨다. 가축의 배설물에서는 암모니아, 메탄, 황화수소, 이산화탄소와 같은 물질이 발생하는데, 이는 악취의 원인이 되고 하천과 지하수를 오염시킨다. 또한 소와 양처럼 되새김질을 하는 가축이 트림이나 방귀를 통해 내뿜는 메탄가스는 이산화탄소보다 온실효과가 강해 지구온난화를 부추기는 주요 원인 가운데 하나로 꼽힌다.

- **공적개발원조**(Official Development Assistance, ODA) : 정부나 공공기관이 개발도상국의 경제 발전과 복지 증진을 돕기 위해 개발도상국이나 국제기구에 제공하는 공적인 자금과 지원 활동을 말한다. 이러한 지원은 상호 협의에 따라 이루어진다. 공적개발원조의 형태에는 무상 원조(증여), 저리 또는 장기 상환 조건의 차관, 배상, 기술 및 인력 지원(기술원조) 등이 있다. 한국은 과거에는 원조를 받던 나라였으나, 경제 발전을 이룬 뒤 원조를 제공하는 국가로 전환한 세계적으로 드문 사례로 평가받고 있다.

- **교토의정서**(Kyoto Protocol) : 유엔기후변화협약(UNFCCC)의 목표를 실현하기 위해 국

가들이 맺은 국제 협약이다. 이 협약은 1997년 일본 교토에서 열린 제3차 유엔기후변화협약 당사국총회(COP3)에서 채택되었다. 교토의정서는 이산화탄소(CO_2), 메탄(CH_4), 아산화질소(N_2O), 과불화탄소(PFCs) 등 주요 온실기체의 배출을 줄이기 위한 국가별 감축 목표를 처음으로 법적 구속력 있게 정했다. 이를 실현하기 위해 배출권거래제, 공동이행제도, 청정개발제도(CDM)와 같은 이른바 '교토 메커니즘'이 도입되었다.

• 국내총생산(Gross Domestic Product, GDP) : 한 나라 안에서 일정 기간 농업, 공업, 서비스업 등 모든 산업에서 생산된 재화와 서비스의 가치를 시장가격으로 합산한 금액이다. GDP에는 생산, 분배, 지출 활동을 통해 만들어진 경제 활동의 결과가 모두 포함되며, 한 나라의 경제 규모와 경제 상태를 나타내는 대표적인 지표로 사용된다.

• 극적 순간(tipping point) : 어떤 상황이 처음에는 미미하게 진행되다가 갑자기 예상하지 못한 일이 한꺼번에 몰아닥쳐 모든 것이 급격하게 변하기 시작하는 극적인 변화의 순간을 뜻한다. 글래드웰(M. Gladwell)은 저서 《티핑 포인트(The Tipping Point)》에서 '티핑 포인트'란 예상하지 못한 일들이 갑자기 폭발하는 바로 그 지점을 일컫는다고 했다.

• 글로벌 헥타르(gha, global hectare) : 인간의 자원 소비 및 폐기물 흡수량을 나타내는 생태발자국과 지구의 자원 생산 능력을 나타내는 생태용량을 측정하는 표준 단위다. 전 세계 토지와 바다의 평균적인 생물학적 생산성을 가진 1헥타르($10,000m^2$)의 면적을 의미하는 표준화된 단위다.

- 기름야자나무 기름(palm oil) : 아프리카 원산의 아프리카기름야자(*Elaeis guineensis*) 의 과육(果肉)에서 얻어지는 기름이다. 아프리카기름야자는 인도, 말레이시아, 인도네시아의 수마트라에서 주로 재배한다. 야자 기름은 식품 가공, 비누, 양초, 윤활유 등의 재료로 이용하며, 양철판을 가공하거나 강철판에 칠을 할 때도 사용한다.

- 노로바이러스(Norovirus) : 비세균성 급성 위장염을 일으키는 바이러스의 한 종류로 노월 바이러스(Norwalk virus)가 표준형이며 60℃에서 30분간 가열하여도 죽지 않는다. 모든 연령층에 영향을 미치며, 주로 위장염을 일으키고, 감염되면 메스꺼움, 구토, 설사, 복통 등의 증상이 나타난다.

- 대보초(Great Barrier Reef) : 오스트레일리아 퀸즐랜드주에서 동부 해안의 케이프요크반도에서부터 분다버그 북쪽과 프레이저섬까지 약 2,300km에 이른다. 760개의 거초와 300개의 산호초 등 모두 2,900개의 암초로 이뤄져 있으며, 대보초의 6%만이 실제 산호초이다. 대보초 지역의 넓이는 34만 8,700km²로 이탈리아의 면적보다 넓다.

- 뎅기열(Dengue fever) : 뎅기 바이러스를 가진 모기가 사람을 물어 전파된다. 뎅기열은 고열을 동반하는 급성 열성 질환으로, 아시아, 남태평양 지역, 아프리카, 아메리카 대륙의 열대·아열대지방의 풍토병이다. 우리나라에는 없는 병이지만 최근에는 해외여행객을 중심으로 매년 100여 명 정도의 환자가 발생한다.

- 레지오넬라증(Legionellosis) : 재향군인회병으로도 불리며, 1976년 6월 필라델피아

에서 있었던 재향군인회 모임에 참가한 사람들 사이에서 폐렴이 발생하면서 알려졌다. 레지오넬라(*Legionella*)라는 공기 중 세균에 의해 발병하는 치명적인 감염병이다. 주로 여름과 초가을에 발생하며 치사율은 5~30%로 중년과 노인층에서 주로 발생한다.

• 로컬 푸드(local food) : 지역 농민들이 생산한 먹을거리를 지역 내에서 소비함으로써 생산자와 소비자의 이익을 보장하고 식품의 안전성과 먼 거리 수송에 따른 환경오염을 줄인다. 우리나라에서는 생활협동조합, 농산물 직거래, 농민 장터, 지역 급식 운동 등 로컬 푸드를 확대하기 위한 제도가 있다.

• 무역풍(trade wind) : 아열대에서 열대 쪽으로 적도를 향해 시속 18~22km의 속도로 서쪽으로 지속적으로 부는 탁월풍이다. 북반구에서는 북동풍, 남반구에서는 남동풍이 적도 방향으로 강하게 불어 항해에 이용되었다. 무역풍은 서태평양에서는 바닷물을 따뜻하게 해 주고 동태평양에서는 바닷물을 차갑게 해준다.

• 미세입자농도 PM10(particulate matter) : 입경이 $10\mu m$ 이하의 미세한 입자상 물질의 농도를 의미하며, 우리나라의 환경 기준은 연평균 $50\mu g/m^3$ 이하, 24시간 평균 $100\mu g/m^3$ 이하이다. 호흡기를 통해 인체로 흡수되기 때문에 미세먼지는 사람들의 관심이 많은 환경 문제이다.

• 반사도(albedo) : 물체가 빛을 받았을 때 반사하는 정도를 나타내는 지표로 입사되는 전자기파에 대한 반사량으로 계산되며, 일반적으로 0%에서 100%로 나타낸다. 지

구의 평균 반사율은 31%이며, 새로 내린 눈은 90% 이상의 값을 가진다. 산림이 훼손되고 농경지가 증가하면 지표의 반사율은 높아진다.

• **백화현상**(bleaching) : 연안의 암반에서 해조류가 사라지고 무절석회조류가 달라붙어 암반이 흰색으로 변하는 갯녹음 현상이다. 해수 온도 상승으로 산호가 죽어 백화현상이 발생하며, 해양 산성화도 갯녹음의 원인이다. 백화현상은 1998년 엘니뇨 현상과 함께 전 세계적으로 확산되었고, 우리 연안의 얕은 바다에서도 피해가 많다.

• **베링기아**(Beringia) : 빙하기에 존재했던 베링연륙교로 아시아와 북아메리카 사이의 베링해협을 이어 주던 다리였다. 베링해협과 베링해, 축치해 등이 있는 얕은 바다가 해수면이 낮아지면서 두 대륙이 땅으로 서로 연결되었다. 베링육교를 통해 인류와 많은 생물이 아시아에서 아메리카로, 또는 아메리카에서 아시아로 이주하였다.

• **브루셀라증**(Brucellosis) : 사람과 가축에게 발생하는 감염성 질환으로, 브루셀라균(*Brucella melitensis*)에 감염된 동물로부터 사람이 감염되어 발생하는 인수공통감염증이다. 동물을 다루는 특정 직업인에게 주로 발생하는 직업병의 하나로 소 브루셀라증은 제2종 가축전염병, 사람 브루셀라증은 제3군 전염병으로 지정되어 관리된다.

• **빙하기**(ice age) : 빙하기에는 지구의 기온이 낮아져 남극, 북극, 고산 일대에 빙하가 발달했다. 제4기에는 약 10만 년 주기의 빙하기(glacial)와 1.8~2.8만 년 주기의 간빙기(interglacial)가 교차했다. 최후 빙기(최종 빙기)는 10만 년 전부터 시작해 2만 년 전후에 가장 추웠으며 오늘날보다 약 8.5℃ 정도 기온이 낮았다.

• **생물계절**(phenology) : 계절에 따라 변하는 동물의 이동, 번식, 변태, 겨울잠 등과 식물의 발아, 개화, 만발, 신록, 성숙, 홍엽(황엽 · 낙엽) 등을 통해 알아내는 계절이다. 제비, 기러기, 뱀, 개구리, 나비, 매미 등을 지표로 동물 계절을, 매화, 벚꽃, 개나리, 진달래, 아까시나무, 복숭아꽃, 코스모스 등을 지표로 식물 계절을 관측한다.

• **생태발자국**(ecological footprint) : 한 사람의 일상생활이 자연 생태계에 미치는 영향을 토지 면적으로 환산한 지수로, 생태발자국 값이 클수록 생태계 훼손이 크다. 생태발자국을 줄이려면 자원의 낭비를 막고, 신재생에너지를 사용하여 환경오염과 자원의 고갈을 줄여야 한다.

• **소빙기**(little ice age) : 1450~1890년 사이에 상대적으로 한랭했던 시기로 평소보다 약 1℃ 정도 기온이 낮았다. 저온 현상으로 농산물의 수확량이 줄어 기근, 사회 갈등, 전쟁 등이 발생했다. 소빙기의 원인으로는 태양 활동, 화산 폭발, 해수 순환의 변화, 지구 공전 궤도의 변화, 자전축의 흔들림 등 다양한 주장이 있다.

• **신종 플루**(H1N1) : A형 인플루엔자 바이러스에 감염된 돼지에서 유래한 신종 인플루엔자 바이러스에 의해 감염되는 호흡기 질환이다. 멕시코에서 시작되어 미국을 거쳐 전 세계로 퍼졌다. 신종 플루는 계절 인플루엔자와 증상이 비슷해 발열, 기침, 인후통, 콧물, 두통, 오한, 피로, 오심, 구토 등의 증상이 나타날 수 있다.

• **쌍편모충류**(Dinoflagellates) : 서로 다른 두 개의 편모를 이용해 소용돌이치듯 회전하며 이동하는 단세포 진핵생물로, 식물과 동물의 특징을 모두 가진 단세포 수생 원생

생물이며 주로 바다에 산다. 일부 쌍편모충류는 해양 플랑크톤으로 해양 먹이사슬의 기초를 이루며, 패류 독소를 만들어 식중독을 일으키기도 한다.

- 쓰쓰가무시증(Scrub Typhus) : 쓰쓰가무시균(*Orientia tsutsugamushi*)에 의해 감염된 털진드기의 유충에 물렸을 때 혈액과 림프액을 통해 고열과 전신적 혈관염이 나타난다. 쓰쓰가무시증은 설치류 등에서 기생하는 털진드기 유충에 물려서 감염되며, 성묘, 벌초, 임산물 수확, 농사, 등산 등과 같은 야외 활동하다가 주로 걸린다.

- 아프리카돼지열병(African Swine Fever, ASF) : 돼지과 동물에게만 발생하는 치명적인 바이러스성 출혈열 질병으로, 높은 폐사율과 전염성을 지니며 치료제나 백신이 없어 양돈 산업에 큰 피해를 준다. 고열, 식욕 저하, 피부 출혈 반점 등의 증상이 나타나며, 감염된 돼지의 분변, 분비물, 물렁진드기, 사람, 기구 등을 통해 전파된다.

- 알렌의 법칙(Allen's rule) : 항온동물이 한랭한 기후에 살수록 체내의 열을 유지하기 위해 귀, 입, 목, 다리, 날개, 꼬리 등의 돌출부가 짧아지고, 무더운 기후에서는 열을 배출하기 쉽게 몸의 말단이 길어진다는 법칙이다. 몸집이 크고 말단 부위가 작을수록 부피에 대한 표면적의 비율이 낮아져 체열 손실을 줄일 수 있다.

- 온실기체(greenhouse gas) : 방사선을 흡수하여 재방출하는 천연 및 인공의 기체성 대기 구성 물질이다. 이산화탄소, 메탄, 아산화질소, 수소불화탄소, 과불화탄소, 육불화황 등이 6대 온실기체이다. 자연적인 온실효과에서는 수증기가 가장 중요하고, 인위적인 온실기체 가운데 가장 많은 양을 차지하는 기체는 이산화탄소다.

• 온실효과(greenhouse effect) : 유리 온실처럼 대기가 온실의 역할을 하면서 지표면의 온도를 유지하거나 상승시키는 효과다. 대기 성분이 행성의 표면에서 방출되는 복사 에너지를 흡수해 우주로 방출되지 못하면서 나타난다. 온실기체는 단파장의 태양 복사는 잘 통과시키고 장파장의 지구 복사는 흡수하고 재복사하면서 지표면 온도를 높인다.

• 에볼라 바이러스(Ebola Virus) : 치명적인 질병을 일으키는 바이러스로, 1976년에 수단 서부에서 처음 보고되며 널리 알려졌다. 감염되면 두통, 고열, 근육통처럼 몸살 증상이 나타나고 이후 설사, 구토, 탈수 증상이 일어나고 결국에는 장기 세포가 파괴되어 사망에 이른다. 치사율은 최고 90%로 AIDS보다 더 치명적인 병으로 알려져 있다.

• 에스피에이(Specialty retailer of Private label Apparel, SPA) : 의류의 기획, 디자인, 생산, 제조, 유통, 판매 등 전 과정을 하나의 업체가 관리하는 제조 직매형 의류 전문점이다. 하나의 업체가 관리하므로 고객의 요구 사항과 시장 상황을 그때그때 파악해 1~2주 만에 새로운 상품을 만들어 내는 '다품종 대량 공급'도 가능한 '패스트 패션'이다.

• 에어로졸(aerosol) : 대기 중에 떠 있는 액체 또는 고체의 작은 입자로 그 크기는 보통 0.001~1.0 μm이며, 연기, 먼지, 안개, 구름 등을 포함한다. 자연적으로 생성되거나 화석연료의 사용 등으로 인공적으로 만들어지며, 구름 형성에 영향을 주어 비를 만들기도 한다. 에어로졸은 다양한 화학 반응을 통해 대기오염의 원인이 되기도 한다.

- 영구동토층(permafrost) : 월평균기온이 0℃ 이하인 달이 6개월 이상 계속되어 땅속이 일 년 내내 얼어 있는 곳으로, 여름에도 지하 1~2m까지의 땅속만 일시적으로 녹는다. 동아시아 영구동토층의 남쪽 한계는 바이칼호 동쪽에서 북위 53° 일대이며, 시베리아 북부에서는 두께가 지하 50m에 이른다.

- 인류세(Anthropocene) : 지구의 역사에서 인류가 지구 환경에 큰 영향을 미친 시기를 구분한 비공식적인 지질시대이다. 인류세의 지표와 시작 시점으로는 화석연료 사용이 급증한 1800년대 산업혁명, 제2차 세계대전이 끝난 1950년경 외에도 대기 중 이산화탄소, 플라스틱, 콘크리트, 닭 뼈 등이 거론되고 있다.

- 재식농장(plantation) : 주로 열대와 아열대 지역에서 개발도상국이 유럽의 식민지였던 시절에 생겨났으며 대개 외국의 자본과 농업기술과 원주민 노동력으로 농사를 짓는 재식농업(栽植農業)이다. 열대림을 개간해 커피, 홍차, 카카오, 사탕수수, 고무나무, 기름 야자나무, 바나나 등 바로 돈이 되는 환금작물을 재배한다.

- 제트기류(jet stream) : 대기 상층부에서 띠 형태로 빠르게 이동하는 바람으로 폭풍의 이동, 지표 근처의 기단에 영향을 준다. 서쪽에서 동쪽으로 부는 기류는 몇 km의 두께, 160km의 폭, 1,600km 이상이다. 제트기류 이동 속도는 시속 92km 이상이며, 시속 386km에 이른다. 남반구와 북반구에 두 개의 극제트기류가 있다.

- 중동호흡기증후군 메르스(Middle East Respiratory Syndrome, MERS) : 새로운 변종 코로나바이러스(MERS-CoV) 감염에 의한 중증급성호흡기질환이다. 2012~2015년까지

1,000명이 넘는 감염자와 400명 이상의 사망자가 발생했다. 또 다른 변종 코로나 바이러스가 원인인 사스(SARS)보다 전염성은 떨어지나, 치사율은 30~40%로 사스(약 9.6%)보다 높다.

• 중증급성호흡기증후군(Severe Acute Respiratory Syndrome, SARS) : 2002년 11월 중국 광동을 중심으로 발병되어 몇 달 만에 홍콩, 싱가포르, 캐나다 등 전 세계적으로 확산된 신종전염병이다. 사스의 잠복기는 보통 2~7일이며, 10일이 걸리기도 한다. 사스-코로나바이러스가 인간의 호흡기를 침범하여 발생하는 병으로 제4군 법정전염병으로 지정되어 있다.

• 중증열성혈소판감소증후군(Severe fever with thrombocytopenia syndrome, SFTS) : 2009년 중국에서 최초로 발견되었고 2011년 처음으로 환자에게서 감염이 확인된 신종전염성 질병이다. 주로 SFTS를 유발하는 바이러스(Bunyavirus)에 감염된 진드기가 매개체가 되어 전파된다. 매개체인 진드기가 활동하는 봄부터 가을까지 주로 발병한다.

• 조류 인플루엔자(Avian Influenza, AI) : 철새, 닭, 오리 등 조류에 감염되는 바이러스로 전파속도가 매우 빠르고 사람도 걸리는 인수공통감염병이다. 조류 인플루엔자 바이러스는 전파속도, 폐사율 등 바이러스의 병원성 정도에 따라 고병원성(HPAI)과 저병원성(LPAI)으로 나뉘며 고병원성 AI는 제1종 가축전염병이다.

• 지의류(lichen) : 균류와 조류의 공생체로 균류는 조류를 보호하며 수분과 무기 양분

을 공급하고, 조류는 이 물질을 원료로 하여 빛을 받아 광합성을 해서 양분을 균류에 주면서 공생한다. 나무껍질이나 바위, 땅에서 자라며, 극지방에서 열대지방에 이르기까지 널리 분포하며, 북극 순록의 먹이다.

- **지카 바이러스**(Zika Virus) : 이집트 숲 모기(*Aedes Aegypti*)를 통해 전염되는 바이러스로 1947년 우간다에서 붉은원숭이를 통해 처음으로 발견되었고, 1952년에 우간다와 탄자니아에서 인간이 감염되었다. 아프리카, 아메리카, 아시아 태평양 지역을 중심으로 발병하나, 소두증이나 신경학적 합병증을 일으킬 수 있다.

- **최후 빙기**(last glacial maximum) : 제4기 빙하기의 마지막 빙기(최종 빙기)로 지금으로부터 11만 년 전인 플라이스토세에 시작되어 1만 2천 년 전에 끝났다. 빙하가 가장 넓게 확장되었을 때는 지금으로부터 2만 2,000~1만 8,000년이었다. 현재는 최후 빙기 이후의 간빙기로 여겨진다.

- **카니발리즘**(cannibalism) : 같은 종끼리 서로 공격하거나 잡아먹는 행동이며, 사람이 인육을 먹는 풍습을 일컫기도 한다. 사람의 카니발리즘은 종교적 제례의식이나 식량 부족 등 때문에 세계 여러 곳에서 사람을 먹었다. 유럽의 가치관이 확산되고 사회적인 금기로 삼으면서 카니발리즘은 사라졌다.

- **카본 블랙**(carbon black, 검댕) : 석유, 천연가스 등 탄소를 포함하는 물질을 불완전 연소시켜서 만드는 그을음과 검은 탄소의 미립자이다. 고무 제품의 강화제, 인쇄용 잉크, 페인트, 먹지, 보호막, 전자회로의 저항기와 강화 충전제로 사용된다. 햇빛과

접촉해 적외선으로 바뀌어 열과 함께 대기로 배출되어 지구온난화를 일으킨다.

- 탄소발자국(carbon footprint) : 개인이나 단체가 일상생활을 하면서 탄소를 얼마나 배출해내는지 그 양을 한눈에 볼 수 있도록 표시한 것이다. 일상생활에서 연료 및 전기용품 등의 사용으로 발생하는 탄소를 모두 포함한다. 지구온난화의 가장 큰 원인 중의 하나인 탄소의 발생에 대해 깨우치고 줄일 목적으로 만들어졌다.

- 파리협정(Paris Agreement) : 2020년 만료된 교토의정서를 대체하기 위해 2015년 11월 파리에서 열린 제21차 COP21에서 195개국의 합의로 사실상 전 세계의 모든 국가가 참여한 첫 번째 협약이다. 산업혁명 이전보다 지구의 온도가 2℃ 이상 오르지 않도록 하는 것이 목표다.

- 패스트 패션(fast fashion) : 빠르게 변화하는 유행에 맞춰 디자인을 빨리 바꿔 내놓는 옷을 통틀어 이르는 말이다. 수시로 바뀌는 유행에 따라 빨리 만들어 빨리 입는 옷으로 소재보다는 디자인을 먼저 생각하고 가격이 싸다. 자라, H&M, 망고, 유니클로, 미쏘, 스파오 등이 대표적이다.

- 푸드 마일리지(food mileage) : 식품이 생산된 곳에서 일반 소비자의 식탁에 오르기까지의 이동 거리로 영국에서 1994년 처음 사용했다. 될 수 있으면 가까운 곳에서 생산된 농산물을 소비하는 것이 식품의 안전성을 높이면서 수송에 따른 환경오염을 줄인다는 주장이 유럽의 소비자나 환경단체를 중심으로 퍼지고 있다.

- 플라이스토세(Pleistocene) : 지금으로부터 약 258만 년 전부터 1만 년 전까지의 지질시대로 홍적세(洪積世) 또는 갱신세(更新世)로 구석기시대다. 지금은 고위도를 중심으로 육지면적의 10% 정도가 빙하에 덮여 있으나, 플라이스토세 빙하기가 절정에는 육지의 32% 정도는 빙하에 덮여 있었고, 추위에 적응한 동식물이 번성했다.

- 현지 내 보전(in situ conservation) : 원래의 자연환경 아래서 생태계와 자연 서식지를 보전하고 생물종의 적정한 개체군을 유지하고 회복하는 것이다. 현지 내 보전은 대상 군집이나 집단을 자연 상태로 본래의 서식지 내에서 생물이 적응, 보전, 유지 및 회복하도록 보호, 관리한다.

- 현지 외 보전(ex situ conservation) : 생물다양성의 구성 요소를 천연 서식지 밖에서 보전, 증식하는 것으로 생물을 원래의 서식지로 재도입하기도 한다. 자연 상태에서 생물종의 보전이나 증식이 어려울 때 대상 군집이나 집단을 인위적으로 조절된 조건에서 보전하는 방법이다.

- 호모 사피엔스(Homo sapiens) : 두 발로 서서 걸어 다니는 사람과(科)의 영장류 동물로 인류(人類)라고 한다. 사람은 추상적인 사유, 언어 사용, 자기반성, 문제 해결을 할 수 있고, 감정을 느낄 수 있는 고도로 발달한 두뇌를 지니고 있다. 현생인류는 호모 사피엔스 아종인 슬기슬기사람(H. s. sapiens)은 약 4~5만 년 전에 등장했다.

- 홀로세(Holocene) : 신생대 제4기 마지막 지질시대로 약 1만 2천 년 전부터 현재까지으며, 충적세(沖積世) 또는 현세(現世)라고도 부른다. 홀로세의 경계는 유럽과 북미

에서 대륙빙상이 사라진 시기를 기준으로 하였다. 홀로세는 인구가 늘고 산업화, 도시화, 개발, 환경오염과 파괴에 따라 생물이 크게 줄었다.

- **흑점**(sun spot) : 태양의 표면에서 주변보다 온도가 낮아 어둡게 보이는 영역으로 주변의 6,000K(켈빈, 1K=1℃) 정도의 온도에 비해서는 상대적으로 낮지만 실제로는 4,000K 이상의 고온을 유지한다. 흑점의 발생 원인은 강한 자기 현상과 관련되며, 발생에는 주기가 있으며, 크기는 큰 것부터 작은 것까지 다양하다.

참고한 책

공우석, 2012, 《키워드로 보는 기후변화와 생태계》, 지오북,

공우석, 2018, 《왜 기후변화가 문제일까?》, 반니.

공우석, 2021, 《이젠 멈춰야 해! 기후변화》, 노란돼지.

공우석, 2024, 《기후변화 충격》, 청아출판사.

공우석, 전소진, 김우재, 2024, 《결코 유난스럽지 않습니다》, 드레북스.

기상청, 2011, 《기후변화 그것이 알고 싶다》, 기상청.

김연옥, 1998, 《기후변화》, 민음사.

마그나 히스토리아 연구회, 2017, 《빅뱅에서 인간까지: 우주, 생명, 문명》, 청아출판사.

박상욱, 2024, 《기후 블랙홀: 모든 이슈를 집어삼키는 기후변화의 현재와 미래》, 청어
람미디어.

박훈, 2024, 《지속가능한 미래를 위한 기후변화 데이터북》, 사회평론아카데미.

송보경, 김재옥, 2009, 《교수님 기후변화가 뭔가요: 작은 행동 큰 변화 CO_2 줄이기》,
도요새.

세계일보 특별기획취재팀, 2016, 《지구의 미래: 기후변화를 읽다》, 지상사.

안영인, 2017, 《시그널 기후의 경고》, 엔자임.

이철환, 2016, 《뜨거운 지구를 살리자: 경제가 기후변화를 말하다》, 나무발전소.

이충환, 2024, 《십 대가 꼭 알아야 할 기후변화 교과서》, 더숲.

조천호, 2019, 《파란하늘 빨간지구》, 동아시아.

최재천, 최용상, 2011, 《기후변화 교과서: 기후변화와 한반도 생태계의 현황과 전
망》, 도요새.

번역서

데이비드 깁슨(공우석 옮김), 2023, 《기후 위기– 뜨거운 지구가 보내는 차가운 경고》, 머핀북.

피터 프랭코판(이재황 옮김), 2023, 《기후변화 세계사, 지구 생성부터 기후 재앙 시대까지》, 전 2권, 책과함께.

말콤 글래드웰(김규태 옮김), 2020, 《티핑 포인트: 작은 아이디어는 어떻게 빅트렌드가 되는가》, 김영사.

조나단 해링턴(양춘승 옮김), 2011, 《기후 다이어트: 인류의 어머니 지구를 살리기 위한 특단의 대책》, 호이테북스.

마크 라이너스(김아림 옮김), 2022, 《최종 경고: 6도의 멸종》, 세종서적.

윌리엄 노드하우스(황성원 옮김), 2017, 《기후 카지노: 지구온난화를 어떻게 해결할 것인가》, 한길사.

윌리엄 러디먼(김홍옥 옮김), 2017, 《인류는 어떻게 기후에 영향을 미치게 되었는가》, 에코리브르.

누리집(웹사이트)

기상청 기후정보포털 https://www.climate.go.kr

Carbon Brief https://www.carbonbrief.org

CMCC https://www.g20climaterisks.org

Climate Action Tracker https://climateactiontracker.org

National Snow and Ice Center https://nsidc.org/home

World Wildlife Fund https://www.worldwildlife.org

더 읽어볼 책들

김준하, 2017, 《기후변화: 새로운 기회와 도전》, 광주과학기술원.

김준호, 2012, 《어느 생물학자의 눈에 비친 지구온난화》, 서울대학교출판문화원.

김정배, 김해동, 김학윤, 배현균, 2012, 《에너지와 기후변화》, 계명대학교출판부.

남영숙, 2017, 《기후변화와 여성》, 시그마프레스.

서경환, 안순일, 예상욱, 정철, 민승기, 2017, 《기후과학자가 쓴 기후역학 교과서》, 동화기술.

안병옥, 2014, 《어느 지구주의자의 시선 : 인간과 자연, 공존하며 살아간다는 것 | 기후변화와 생태 이야기》, 21세기북스.

오재호, 1996, 《기후학 2》, 아르케.

온케이웨더 취재팀, 2014, 《날씨충격 : 대한민국 기후변화 탐사 리포트》, 코난북스.

윤오섭, 조천호, 배재근, 김백조, 2014, 《기후변화와 녹색환경》, 동화기술.

윤일희, 2012, 《지구의 기후는 변화하고 있는가》, 경북대학교출판부.

이승호, 2012, 《기후학》, 푸른길.

이유진, 2011, 《기후변화 이야기》, 살림.

조경엽, 김영덕, 2009, 《기후변화 재앙인가 기회인가》, 한국경제연구원.

조석준, 2017, 《기후변화 보이는 게 다가 아니다》, 푸른지구.

전의찬, 권원태, 이유경, 김맹기, 이동근, 2016, 《기후변화 27인의 전문가가 답하다》, 지오북.

하인수, 2016, 《기후 변화 : 고요한 위기》, 향지.

환경재단 도요새, 2016, 《2030 에코리포트 : 파리기후변화회의 특별판》, 환경재단 도요새.

코트라, 2016, 《유엔기후변화협약 당사국총회(COP21) 논의 현황 및 유망 프로젝트 조사 결과》, 진한엠엔비.

번역서

앤서니 기든스(홍욱희 옮김), 2009,《기후변화의 정치학》,에코리브르.

쥘리에트 누엘레니에(이효숙 옮김), 2014,《지구는 언제부터 뜨거워졌을까 : 지구 온
　난화의 흐름을 밝힌 논쟁의 과학사》, 오유아이.

커스틴 도우(최영은 옮김), 2009,《지도로 보는 기후변화》, 시그마프레스.

마크 라이너스(이한중 옮김), 2014,《6도의 멸종 : 기온이 1도씩 오를 때마다 세상은 어
　떻게 변할까? 기후 변화에 따른 인류 문명의 파괴적 미래 대예측》, 세종서적.

마이클 만, 톰 톨스(정태영 옮김), 2017,《누가 왜 기후변화를 부정하는가 : 거짓 선동
　과 모략을 일삼는 기후변화 부정론자들에게 보내는 레드카드》, 미래인.

하랄트 벨처(윤종석 옮김), 2010,《기후전쟁 : 기후변화가 불러온 사회문화적 결과들》,
　영림카디널.

크리스티안 디트리히 쇤비제(김종규 옮김), 2006,《기후학》, 시그마프레스.

로르 셰메리(전혜영 옮김), 2011,《세계의 기후지도 : 우리가 꼭 알아야 할 세계의 모든
　문제》, 현실문화.

로이 스펜서(이순희 옮김), 2008,《기후 커넥션 : 지구온난화에 관한 어느 기후과학자
　의 불편한 고백》, 비아북.

제리 실버(최영은, 권원태 옮김), 2010,《스스로 배우는 지구온난화와 기후변화》, 푸른길.

프레드 싱거, 데니스 에이버리(김민정 옮김), 2009,《지구온난화에 속지 마라 : 과학과
　역사를 통해 파헤친 1500년 기후 변동주기론》, 동아시아.

그림과 사진 출처

16쪽   https://niwa.co.nz/images/earth-system-graphic-v2jpg-0

31쪽   https://en.wikipedia.org/wiki/Little_Ice_Age

36쪽   Peel, M. C. and Finlayson, B. L. and McMahon, T. A. (2007). "Updated world map of the Köppen-Geiger climate classification". Hydrology Earth and System Sciences 11: 1633-1644. ISSN 1027-5606.

40쪽   https://en.wikipedia.org/wiki/Polar_vortex
        http://www.yseng.kr/xe/48420

56쪽   세계기상기구(WMO)가 발표한 2025년 전 지구 기후 현황 보고서(State of the Climate) https://www.jkclimate.fr/Dashboard2025/global_mean_temperature.html

67쪽   https://gml.noaa.gov/education/carbon_toolkit)

82쪽   몽골 알타이산맥의 염소 방목 (공우석 사진)

87쪽   http://gain.nd.edu/our-work/country-index

92쪽   https://www.ewg.org/meateatersguide

97쪽   라오스 볼라벤 고원지대의 커피 농장 (공우석 사진)

119쪽   https://alaskaclimate.substack.com/p/arctic-2024-sea-ice-minimum

157쪽   미국 캘리포니아 플라서빌 마을의 로컬 푸드 마켓 (공우석 사진)

163쪽   https://wwfcee.org/news/earth-overshoot-day-2024-falls-on-august-1st-humanitys-critical-race-to-restore-balance

찾아보기